# 沖縄語をさかのぼる

島袋盛世

白水社

装丁・本文デザイン　　岡本洋平（岡本デザイン室）

カバー図版　　芹沢銈介《沖縄絵図》（日本民藝館蔵）

# はじめに

　小中学校で子供たちに知っている沖縄のことばを聞くと、「ひーじゃー」【山羊】、「くゎっちーさびら」【いただきます】、「くゎっちいーさびたん」【ごちそうさま】、「めんそーれ」【いらっしゃい】などのことばが返ってくる。日頃耳にすることばだろう。一方、沖縄系二世アメリカ人の方に同じ質問をすると、「うーまくー」【腕白坊主】、「やなわらばー」【悪ガキ】という返答があった。幼い頃によく言われていたという。これらは沖縄で、「うちなーぐち」または「沖縄方言」と言われていることばの例だ。「うちなー」は「沖縄」、「ぐち」は「口」という意味である。

　沖縄のことばはひとつではなく、地域で多様なことばが話されている。上で紹介したことばは沖縄語という言語の例だが、沖縄語は沖縄本島の中南部とその近辺の島々で話されている。沖縄県で話されている言語は沖縄語以外に、国頭語、宮古語、八重山語、与那国語がある。国頭語は沖縄本島の北部とその近辺の島々で話されている。鹿児島県の沖永良部島や与論島で話されていることばも国頭語に分類される。宮古語は宮古諸島、八重山語は八重山諸島、与那国語は与那国島で話されていることばだ。これらの言語と関係が深い言語がもうひとつある。奄美大島やその近辺の島々、そして徳之島で話されている奄美語だ。ここで挙げた奄美語、国頭語、沖縄語、宮古語、八重山語、与那国語は兄弟姉妹のような関係にあり、これらをまとめて琉球語と

いう。地図で見てみると、北は奄美大島から弧を描くように南西の方向へ伸びた海域に点在する島々で話されていることがわかる。最南西の島は与那国島、最南端は波照間島である。

　琉球諸語は多様性に富み、これらの言語を聞いて同じ言語に属するとは思えないほど異なっている場合も多い。これは、それぞれの言語話者が自分の言語だけを話して他の言語話者と意思の疎通が難しい場合もあるということからも理解できる。

　本書のねらいはふたつある。ひとつは、日本語との共通点やちがいを取り上げながら、琉球諸語の多様性を紹介することである。もうひとつが、琉球諸語の親にあたる親言語の「復元」を試みることだ。言語学では親言語を祖語といい、「復元」することを「再建」するという。まず琉球諸語のそれぞれの方言を比較し、それぞれの言語の祖語を再建する。例えば、沖縄本島の中南部で話されている沖縄語の方言を比較し、沖縄祖語を再建するという具合だ。そして、再建された琉球諸言語の祖語を比較し、最終的に琉球祖語にさかのぼるというわけだ。

　この方法を使って、琉球祖語を再建し、今話されている奄美語、国頭語、沖縄語、宮古語、八重山語、与那国語はどのような変化を経て現在の姿になったのかをみていこう。

沖縄語をさかのぼる　……目次……

## 琉球諸語の分布

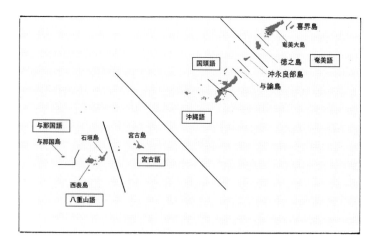

## 琉球諸語の分類

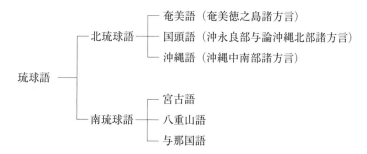

# 1章
# 日本語と沖縄語

## ……1　日本語と沖縄語のちがい……

　最近ではテレビ、インターネット、書籍や雑誌などを通して沖縄の文化を身近に感じている人も多いのではないだろうか。実際に沖縄を訪れ、街中にある沖縄語の看板を見たり地元の人が話している沖縄語を聞いたりしたことのある人も多くいると思う。日本語とどうちがうのかがわかれば理解度も上がるのではないだろうか。この章では、音声、文の構造、語彙や表現などを通して日本語と沖縄語の違いをみていこう。

### ｜「っ」で始まる語

　驚いた時や何かを思い出した時などに「あっ！」と言ったり、また語の意味を強調する時に「痛っ！」「辛っ！」「安っ！」などと言ったりする。これらの語はすべて語末に「っ」がある。このつまる音「っ」は声門破裂音といい、簡単にいえば、息の流れを喉で一度止めてから開放する時につくられる音だ。国際音声記号で［ʔ］と表記される。国際音声記号とは国際音声字母ともいい、

国際音声協会が考案した音声記号で、基本的にどんな言語の音声でも表記することができるので便利である。例えば、「痛っ！」は［itaʔ］と書き表すことができる。

「つまる音」に話を戻そう。つまる音は沖縄語にもあり、日本語と同じように語末に置いて、語の意味の強調を表す役割がある。さらに沖縄語では別の重要な役割を担う。日本語とちがい、「っ」から始まる語があるのだ。以下の例をみてみよう。

　　っわー【豚】　　っやー【おまえ／君】

　　っちゅ【人】　　っくゎ【子】　　っんまりび【誕生日】

　一瞬どうやって発音するのだろう、と思ってしまうが、例えば「っわー」【豚】の発音の場合、はじめに喉をしっかり閉じ息を止め、その止めていた息を破裂させる勢いで「わー」と発音するとよい。同じ要領でその他の語も発音してみよう。数回練習すると発音できるようになる。

　語頭の「っ」の重要な役割というのは、「っ」の有無で語の意味に違いを生じさせることだ。例えば、「っ」が語頭にある場合は「っわー」【豚】となるが、「っ」無しで「わー」と発音すると「私（の）」の意味になる。「っやー」【おまえ／君】も同様に語頭の「っ」無しでは「やー」【家】となりまったく別の語となる。

## 「ん」で始まる語

　沖縄語には「ん」で始まる語があることも日本語との大きな違

いだ。以下の例をみてみよう。

　　んかし【昔】　んかい【～へ／～に】　んーな【みんな／すべて】

　「んかし から」【昔から】、「なーふぁ んかい いちゅん」【那覇
へ行く】、「んーな がんじゅー やいびーん」【みんな元気です】
などのように使う。「んかし」や「んかい」の「ん」は短いが、
「んーな」の「んー」は長い。「ん」にも長短の違いがあるという
ことも沖縄語の特徴である。他に「んーす」【味噌】、「んーじゅ
ん」【見る】、「んーじ」【棘】などの語もある。
　「ん」で始まる語があるため、沖縄語ではしりとり遊びができ
ない。例えば、「んかし」【昔】→「しーむん」【吸い物】→「ん
けーかじ」【向かい風】→「じん」【お金】→「んーな」【みんな
／すべて】などと続き、終わりがなく面白い。

## 複雑なヤ行音

　音声の組み合わせにも違いがある。沖縄語も日本語と同様、子
音と母音の組み合わせで語や句、文が構成されているが、沖縄語
には日本語にはない子音と母音の組み合わせがある。日本語と沖
縄語のヤ行、ワ行、タ行、ダ行を比べながら違いをみてみよう。
　まず、ヤ行であるが、日本語のヤ行は y 音と母音 a, u, o の組み
合わせで成り、ya「や」、yu「ゆ」、yo「よ」の 3 つが存在する。
一方、沖縄語には ya「や」、yu「ゆ」、yo「よ」もあるが、それ
以外に yi「いぃ」、さらに、語例は少ないが ye「いぇ」の組み合

わせも存在する。表に例を挙げよう。

yi「いぃ」と ye「いぇ」を含む語の例

| いぃー | yii | 【良い】 |
|---|---|---|
| いぃーん | yiin | 【座る】 |
| いぇいご | yeigo | 【英語】 |
| いぇんぴつ | yenpitsu | 【鉛筆】 |
| いぇーま* | yeema | 【八重山】 |

*「えーま」ともいう

　沖縄語では yi「いぃ」と i「い」はちがう音として認識されており、yi を発声するか i を発声するかで語の意味が異なる。こうした関係にある音のペアを「対立している」という。例えば、「いぃー」【良い】の「いぃ」を「い」と置き換えると、「いー」となり、「はい／うん」という意味になる。「いぃーん」【座る】も同様、「い」と置き換えると、「いーん」【入る】となり、意味に違いが生じる。表のように並べてみるとわかり易い。

「いぃ」と「い」の対立の例

| いぃー | 【良い】 | いー | 【はい／うん】 |
|---|---|---|---|
| いぃーん | 【座る】 | いーん | 【入る】 |

　i「い」は容易に発音できるが、yi「いぃ」は少々難しい。表記だけからでは違いがつかめないかもしれないので、身近な例を挙げると、英語の year と ear の語頭の音声の違いがある。このふた

つの語の発音を比べながら、「いぃー」「いー」と発音してみよう。

　ワ行はどうだろう。ワ行は w 音と母音の組み合わせから成るが、沖縄語のワ行は独特で日本語には存在しない wi（うぃ）、wu（うぅ）、そして語例は少ないが we（うぇ）もある。w と o 母音の組み合わせは存在しない。wi（うぃ）と we（うぇ）は容易に発音できると思うが、後者は ue ではなく we と発音するようにしよう。wu（うぅ）の発音は比較的難しいと感じるかもしれないが、唇を丸く外側へ出すように整え発音するとよい。

　　っうぃー　ʔwii【上】　　っうぃじゅん　ʔwijun【泳ぐ】

　　うぅーじ　wuuji【さとうきび】　　うぅん　wun【いる】

　　っうぇんちゅ*　ʔwenchu【ネズミ】　*「えんちゅ」ともいう

## 「たちつてと」と「たてぃとぅてと」

　次に、日本語と沖縄語のタ行音を比較してみよう。タ行音は子音 t と母音 a, i, u, e, o の組み合わせから成るが、子音と母音の組み合わせが、ふたつの言語で一致しない。カ行は k と a, i, u, e, o の組み合わせで両言語とも ka, ki, ku, ke, ko で一致しているが、日本語のタ行は次の表のように組み合わせに t 以外の音声が現れる。

| 日本語 | ta | chi | tsu | te | to |
|---|---|---|---|---|---|
| 沖縄語 | ta | ti | tu | te | to |

日本語の場合、一部の外来語を除いて、基本的に ti「てぃ」と

tu「とぅ」の組み合わせはない。タ行音のイ段とウ段はそれぞれ chi「ち」、tsu「つ」と発音する。日本語を母語とする話者が英語の tip や tool を「チップ」や「ツール」と発音することからもわかる。

　沖縄語においてはどの母音との組み合わせであっても、t はつねに t と発音され、ti「てぃ」、tu「とぅ」の発音が可能だ。また沖縄語には、ti とは別に ch と i から成る chi「ち」の組み合わせも存在する。沖縄語で数を数える時、「てぃーち」【ひとつ】、「たーち」【ふたつ】、「みーち」【三つ】、「ゆーち」【四つ】、「くくぬち」【九つ】、「とぅー」【十】というが、数詞の中に ti「てぃ」、tu「とぅ」、chi「ち」が含まれているのがわかる。

　一方、沖縄本島の中南部の多くの沖縄語には tsu「つ」の組み合わせがない。上の数詞の例からもわかるように、日本語の「つ」に対応するのは沖縄語では「ち」である。例えばほかに、沖縄本島中・北部などで「頭」を「つぶる」というが、tsu の組み合わせがない地域では「ちぶる」という。

　ダ行音についても日本語と沖縄語はタ行とほとんど同様だ。日本語では d と母音の組み合わせはすべて可能というわけではなく、イ段とウ段は「ぢ」zi、「づ」zu となり、「でぃ」di、「どぅ」du とはならない。沖縄語では「でぃ」di と「どぅ」du は可能だが、「づ」zu はない。


　　でぃきやー　　　dikiyaa　【秀才／頭の良い人】
　　でぃーぐ　　　　diigu　　【デイゴ】

どぅし　　　　dushi　【友達】
　どぅーちゅい　duuchui【自分ひとり】

　ダ行が無い地域もある。那覇方言などはdの子音がrへと変化しているため、ダ行に対応する組み合わせはラ行で、上に挙げた語は那覇方言で、「りきやー」【秀才／頭の良い人】、「りーぐ」【デイゴ】、「るし」【友達】、「るーちゅい」【自分ひとり】という。

## ▌長い母音

　次に、母音をみてみよう。日本語にも沖縄語にも一音節の語彙が多く存在する。例えば、日本語には「木」「血」「名」「火」「歯」などがある。これらの語に含まれる母音は短い。

　沖縄語の一音節の語彙は日本語とは異なり、母音は通常長い。上に挙げた日本語の例は沖縄語でそれぞれ「きー」【木】、「ちー」【血】、「なー」【名】、「ひー」【火】、「はー」【歯】と発音される。以下にもいくつか例を挙げよう。

　　きー【毛】　てぃー【手】　じー【地】　しー【巣】　たー【田】
　　にー【荷】　ふー　【帆】　みー【目】　やー【矢】　ゆー【世】
　　わー【和】

　これには例外もある。例えば、並列を表す「とぅ」【と】、主格を表す「が」【が】、所有を表す「ぬ」【の】などの助詞は短母音である。

てぃー とぅ ちぶる 【手と頭】

っやー が〜 　　　【君が〜】

どぅし ぬ やー 　　【友達の家】

　さらに「あかー」【赤】、「くるー」【黒】、「しるー」【白】、「ちーるー」【黄色】、「あかばなー」【ハイビスカス】などのように語末の母音が長母音化する語も多い。また、人の名前の末尾の母音を長く発音するのも沖縄語の特徴である。例えば、「まさるー」「さとしー」「はなこー」「まさみー」「まなぶー」などという。ちなみに沖縄独特の名前に「じらー」「かまでー」「たらー」「なびー」「ちるー」「まちー」などがあるが、今日ほとんど聞かれない。

## ▍変化する k

　次は子音のちがいをみてみよう。日本語と沖縄語は共通の語彙が多くある。その中には聞いて理解できる語もあれば、日本語とは発音が異なるため、聞いてもすぐには理解できないものも多い。発音が異なっている原因は何だろうか。

　実は、音声は現れる環境によって変化するので、周りの音声に影響を受ける。沖縄語の音声も現れる環境、つまり前後の音に影響を受け独特な変化をしてきた。その例を紹介しよう。

　日本語で「気」ki、「客」kyaku、「イカ」ika とそれぞれ発音するが、沖縄語では「ちー」chii、「ちゃく」chaku、「いちゃ」icha という。また、日本語の「下」shita、「額」hitai を、沖縄語ではそれぞれ「しちゃ」shicha、「ひちぇー」hichee と発音する。並べ

てみると違いがわかりやすい。

日本語の k, t と沖縄語の ch の対応

| 意味 | 日本語 | 沖縄語 |
|------|--------|--------|
| 気 | ki | chii |
| 客 | kyaku | chaku |
| イカ | ika | icha |
| 下 | shita | shicha |
| 額 | hitai | hichee |

　日本語の k と t に対応する子音は沖縄語では ch と発音していることがわかる。しかし、沖縄語には「かじ」kaji【風】や「たい」tai【ふたり】などの語が存在するように、k 音も t 音もある。なぜこのような不規則な対応関係があるのだろうか。

　ここで注目したいのが単独の音ではなく、前後にある音との関係だ。語例中の日本語の k と t をみてみると、直前または直後に母音 i や半母音 y があることに気づく。つまり、k や t は隣接する i や y の影響を受けて沖縄語では ch へ変化しているということである。

　母音 i や半母音 y は、舌が硬口蓋（口腔内の天井のような硬い部分）に近い、高い位置で発声される。そのため、i や y と組み合わされた k と t もその影響を受け、舌の位置が上方向へ移動し ch と発音される。この硬口蓋化は簡単に実感することができる。はじめに ki と発音し、その後 chi と発音すると、舌が上方向へ移動するのを感じることができる。実際にやってみよう。

硬口蓋化はｋとｔだけに起こっているのではない。ｇとｄも、ｊへと変化している。次の例をみてみよう。ｋとｔと同様に、直前または直後に母音ｉや半母音ｙがある場合に硬口蓋化が起こっていることが確認できる。日本語の「出る」は、かつては語頭に母音があり、ideru のようなかたちであった。失った母音を示すため (i)deru と表記している。

日本語の g, d の沖縄語での硬口蓋化

| 意味 | 日本語 | 沖縄語 |
|---|---|---|
| 釘 | kugi | kuji |
| 握る | nigiru | nijiin |
| ひげ | hige | hiji |
| 左 | hidari | hijai |
| 出る | (i)deru | ʔnjiin |

　硬口蓋化はかなり複雑な現象で、kii【木】、kiji【傷】、dikiin【よくできる】、ita【板】などのように硬口蓋化が起こっていない例もある。また、次の表の例のように、沖縄語のｉが日本語のｅと対応している場合、硬口蓋化現象はみられない。

硬口蓋化のみられない例

| 意味 | 日本語 | 沖縄語 |
|---|---|---|
| 毛 | ke | kii |
| 手 | te | tii |
| 縦 | tate | tati |

| | | |
|---|---|---|
| 陰／容姿 | kage | kaagi |
| 上げ下げ | agesage | agisagi |
| 腕 | ude | udi |
| 筆 | hude | hudi |

　さらに、日本語の z, ts が沖縄語の硬口蓋子音 j と ch と対応する例もあるが、この時に対応する日本語においては、必ずしも i や y に接しているわけではない。表の例から確認できるように、隣接する母音は日本語では u であり、沖縄語では i である。

z, ts で硬口蓋化が起きる語の例

| 意味 | 日本語 | 沖縄語 |
|---|---|---|
| 水 | mizu | miji |
| 数 | kazu | kaji |
| 月 | tsuki | chichi |
| 爪 | tsume | chimi |
| 面 | tsura | chira |

## ▌名詞と融合する助詞「や」

　上で紹介した硬口蓋化は沖縄語の変遷過程で起こった歴史的変化であるが、日常の会話においても音声の変化が起こる。語と語が連結する際に起こる「音声の融合」を紹介しよう。この変化は非常に規則的である。

　日本語では「雨」と助詞「は」をつなげて「雨は」というが、「は」にあたる沖縄語の助詞「や」は、直前の音声と融合を起こ

す。沖縄語では「あみ」【雨】と「や」【は】を続けて発音すると「あめー」【雨は】となるのだ。「くくる」【心】と「や」【は】は「くくろー」【心は】、「さんしん」【三線】と「や」【は】は「さんしのー」【三線は】、「うちなーすば」【沖縄そば】と「や」【は】は「うちなーすばー」【沖縄そばは】という具合である。一見「どこが規則的なの？」と思うかもしれないが、融合は4つのパターンに分けられる。

　助詞「や」【は】の音声の融合は直前の音声がi, u, n, aの場合に起こる。そしてその融合は、「や」yaの直前の音声が何であるかによって4パターンに分けることができる。順番にみていこう。

　ひとつ目は直前の音声がiの場合で、iとyaは融合してeeとしてあらわれる。「あめー」【雨は】がこのパターンの例だ。沖縄語で「雨」はamiと発音するので、それにyaがつくとameeとなる。

　ふたつ目はuにyaが続く場合。この場合はooへ変化する。沖縄語で「心」はkukuruといい、それにyaをつけるとkukuroo【心は】となる。

　3つ目は、n「ん」で終わる語にyaが続く場合である。これはnooと変化する。sanshin【三線】にyaをつけて「三線は」という場合は「さんしのー」sanshinooと発音する。

　4つ目のパターンはaにyaが続く場合で、aaへ変化する。「うちなーすば」uchinaasuba【沖縄そば】にyaを続けて発音するとuchinaasubaa【沖縄そばは】となる。以下に4つの融合パターンをまとめておこう。

助詞「や」の融合のパターン

(1) i + ya → ee

| いし【石】<br>ishi | + や【は】<br>ya → | いしぇー【石は】<br>ishee |
|---|---|---|
| みち【道】<br>michi | | みちぇー【道は】<br>michee |

(2) u + ya → oo

| うとぅ【音】<br>utu | + や【は】<br>ya → | うとー【音は】<br>utoo |
|---|---|---|
| っちゅ【人】<br>cchu | | っちょー【人は】<br>cchoo |

(3) n + ya → noo

| わかむん【若者】<br>wakamun | + や【は】<br>ya → | わかむのー【若者は】<br>wakamunoo |
|---|---|---|
| じん【お金】<br>jin | | じのー【お金は】<br>jinoo |

(4) a + ya → aa

| うや【親】<br>uya | + や【は】<br>ya → | うやー【親は】<br>uyaa |
|---|---|---|
| くるま【車】<br>kuruma | | くるまー【車は】<br>kurumaa |

なお、「や」が長母音に続く時、融合は起こらない。

きー【木】 ＋ や【は】 → きーや【木は】

なー【名】 ＋ や【は】 → なーや【名は】

## 形容詞のちがい

　ここからは日本語と沖縄語の形容詞および動詞の構造を比較して、どのようなちがいがあるかみてみよう。

　まずは形容詞だが、日本語は「暑い」「おいしい」「強い」「高い」「低い」「臭い」「暗い」などのように語末は「い」で終わる。同じこれらの語を沖縄語でいうと、「あちさん」「まーさん」「ちゅーさん」「たかさん」「ひくさん」「くささん」「くらさん」となる。沖縄語の場合、形容詞は「さん」で終わり、ちがいがあることがわかる。

　沖縄語の形容詞はなぜ「さん」で終わるのか。それは語幹に「あん」【ある】が結合してつくられているからだ。例えば、「あちさん」【暑い】は「あちさ」【暑さ】と「あん」【ある】から成り、「あちさ」＋「あん」が「あちさん」なったという訳である。「ちゅー や あちさん」【今日は暑い】などのように使う。形容詞の過去形は語幹に「たん」をつけて、以下のようになる。

　　あちさたん【暑かった】　　まーさたん【おいしかった】

　　ちゅーさたん【強かった】　　たかさたん【高かった】

　　ひくさたん【低かった】　　くささたん【臭かった】

　　くらさたん【暗かった】

　否定形もみておこう。否定形は連用形に「や」【は】と「ねーん」【ない】を加えてつくられている。連用形は日本語の場合、「暑い」が「暑く」となるのと同じく「く」をつける。例えば、

「暑くない」は沖縄語で「あちく」【暑く】＋「や」【は】＋「ねーん」【ない】というかたちで構成され、したがってこれら3つの語をつなぎ合わせると「あち<u>くや</u>ねーん」となる。しかし実際には「あち<u>こー</u>ねーん」となっている。例外にも思えるが、これは規則通りであり、その原因は音声の融合にある。先に紹介した音声の融合のパターンを思い出してみよう。助詞「や」【は】は直前の音声と融合を起こす。ここでは直前の音声は u である。つまり、u と ya に融合が起こり oo となるため、achiku＋ya→achikoo と発音する。参考までに、否定形の例も挙げておこう。

あちく＋や＋ねーん　　あち<u>こー</u>ねーん【暑くない】
achiku　ya　　neen
　　　achikoo
まーこーねーん　　【おいしくない】
ちゅーこーねーん【強くない】
たかこーねーん　　【高くない】
ひくこーねーん　　【低くない】
くさこーねーん　　【臭くない】
くらこーねーん　　【暗くない】

　日本語と沖縄語の形容詞について、もうひとつの主なちがいを挙げよう。日本語で「コーヒーは熱い」「熱いコーヒー」という。日本語では形容詞を述部で使う時も、名詞句で名詞を修飾する場合にも終止形と同じ基本形が使われる。

それに対して、沖縄語では終止形は名詞を修飾する際には使われない。沖縄語では「コーヒーやあちさん」「あちさるコーヒー」といい、「あちさんコーヒー」とはいわない。語幹「あちさ」【熱さ】に「る」を付けて連体形にするのだ。

　　まーさ　　＋　る　→　まーさる　【おいしい】

　　ちゅーさ　＋　る　→　ちゅーさる【強い】

　　たかさ　　＋　る　→　たかさる　【高い】

## ▏動詞のちがい

　次は沖縄語の動詞について紹介しよう。沖縄語の多くの動詞の終止形は un で終わる。この un は「いる」を意味する語「うぅん」wun にさかのぼり、語幹に付いて終止形をつくる。「かむん」kamun【食べる】、「にんじゅん」ninjun【寝る】、「かちゅん」kachun【書く】などという。「とぅいん」tuin【取る】、「うぅたいん」wutain【疲れる】などのように in で終わる動詞もあるが、この語末の in は yun が変化したかたちである。例えば「とぅいん」tuin【取る】を例にとると、「とぅゆん」tuyun が「とぅいん」tuin へと変化した。

　沖縄語の動詞の活用には複数の語幹が関わっていて単純明快ではない。終止形は上で説明したように、多くの場合、語幹に un を付けてつくられる。例えば、「かむん」【食べる】は語幹 kam- に un が付いてつくられる。

　過去形は語幹に「たん」tan を付けてつくるが、「かむん」の

場合の語幹は kad- であり、「かだん」【食べた】となる。継続形も「かどーん」【食べている】のように語幹 kad- が使われる。終止形以外に kam- 語幹が使われるのは否定形と連用形だ。

| 終止形 | かむん | kamun | 【食べる】 |
|---|---|---|---|
| 過去形 | かだん | kadan | 【食べた】 |
| 否定形 | かまん | kaman | 【食べない】 |
| 継続形 | かどーん | kadoon | 【食べている】 |
| 連用形 | かみ | kami | 【食べ】 |

　否定形だけが他と異なる語幹をもっている動詞「かちゅん」【書く】の例も紹介しよう。下の活用表に示しているように、否定形だけが、kak- 語幹で、それ以外は kach- 語幹である。

| 終止形 | かちゅん | kachun | 【書く】 |
|---|---|---|---|
| 過去形 | かちゃん | kachan | 【書いた】 |
| 否定形 | かかん | kakan | 【書かない】 |
| 継続形 | かちょーん | kachoon | 【書いている】 |
| 連用形 | かち | kachi | 【書き】 |

　ちなみに、否定形と継続形に「たん」を付けると過去形になる。否定形は「かかんたん」【書かなかった】、継続形は、語末の「ん」を取り、「かちょーたん」【書いていなかった】となる。
　日本語と同様、沖縄語にも不規則に活用する動詞がある。主な

ものに「いちゅん」【行く】、「すん」【する】、「いーん」【言う】、「あん」【ある】、「ちゅーん」【来る】などがある。ここでは「いちゅん」【行く】と「すん」【する】を紹介しよう。

　まず「いちゅん」【行く】は以下のように活用する。

| 終止形 | いちゅん | ichun | 【行く】 |
|---|---|---|---|
| 過去形 | っんじゃん | ʔnjan | 【行った】 |
| 否定形 | いかん | ikan | 【行かない】 |
| 継続形 | っんじょーん | ʔnjoon | 【行っている】 |
| 連用形 | いち | ichi | 【行き】 |

　異なる3つの語幹が使い分けられ活用形がつくられている。終止形と連用形の語幹は ich-、否定形は ik-、過去形と継続形の語幹は ʔnj- である。どの言語の学習者にとっても同じだが、不規則なパターンは気をつけて学ぶ必要がある。言語は変化することを考えると、後世の沖縄語の話者たちはより規則的に活用形をつくるかもしれない。

　「すん」【する】という動詞もみてみよう。

| 終止形 | すん | sun | 【する】 |
|---|---|---|---|
| 過去形 | さん | san | 【した】 |
| 否定形 | さん | san | 【しない】 |
| 継続形 | そーん | soon | 【している】 |
| 連用形 | しー | shii | 【し】 |

連用形は母音 i の影響で s- が硬口蓋化を起こして sh となっているが、基本的に語幹は s- であるという点では規則的である。興味深いのは、過去形と否定形が同一のかたちであるということだ。こういう例は少なくない。この表現が使われる場面を想像してみると面白い。「宿題さん」というと単純に「宿題をした」の意味とも「宿題をしない」の意味ともとれるが、実際の会話では状況で判断できるので問題はない。ちなみに、「宿題さん」に過去を表す「たん」を加えると「宿題さんたん」となり、「宿題をしなかった」の意味にしかならない。

## ▍疑問文のちがい

　形容詞や動詞の活用の話はこれくらいにして、次は日本語と沖縄語の疑問文の構造をみてみよう。

　日本語では通常、文末に疑問助詞「か」を付けて疑問文をつくる。また、特に会話においては「か」を省き、「食べる？」などと文末のイントネーションのピッチを上げると疑問文になる。

　沖縄語でも疑問助詞を文末に置き疑問文をつくる。ただし、疑問助詞はひとつではなく複数あり、文の種類により使い方が異なる。ここでは主に「〜が？」「〜み？」「〜いぃ？」をみてみよう。

　まず、「が」が文末にある疑問文についてみてみよう。この助詞は文中に疑問詞がある場合に使われる。沖縄語には「ぬー」【何】、「まー」【どこ】、「たー」【誰】、「いち」【いつ】、「ちゃっさ」【どれくらい／いくら】、「いくち」【いくつ】、「じゅり」【どれ】などの疑問詞がある。これらが文中にあると、文は「が」で

終わる。例えば、沖縄語で「これは何か？」という場合、「くれー ぬーや が？」という。「くれー」は「くり」【これ】と「や」【は】が融合したかたちで、「や（ん）」は「〜だ／〜である」の意味である。以下に他の例も挙げておく。

　　ぬー や が？【何か？】　　まー や が？【どこか？】
　　たー や が？【誰か？】　　いち や が？【いつか？】
　　いくち や が？【いくつか？】　　じゅり や が？【どれか？】
　　ちゃっさ や が？【いくらか？】

　次に、疑問詞のない疑問文をみてみよう。疑問詞のない疑問文とは、簡単にいえば「はい」「いいえ」で答えられる疑問文である。例えば、「これは沖縄そばか？」と聞かれた場合、それが「沖縄そば」であれば「はい」と答え、そうでなければ「いいえ」と答えることができる疑問文のことである。
　「これは沖縄そばか？」は沖縄語で「くれー うちなーすば やみ？」という。文は「〜み？」で終わる。「〜が？」や「〜いぃ？」は使えない。動詞「かむ（ん）」【食べる】と形容詞「まーさ（ん）」【おいしい】を使った例も挙げておこう。「くぬ」は「この」という意味である。

　　うちなーすば かむ み？　　　　【沖縄そば食べるか？】
　　くぬ うちなーすば まーさ み？【この沖縄そばはおいしいか？】

日本語の疑問助詞「か」は名詞、代名詞、動詞、形容詞に直接付き、容易に疑問文がつくることができ、「自由度」および「生産性」が高い。一方、沖縄語の疑問詞「〜が？」や「〜み？」は使われ方に制限があり、名詞や代名詞、動詞や形容詞の過去形、動詞の否定形に直接付くことができない。

　次に紹介する疑問助詞「〜いぃ？」yi は「〜が？」や「〜み？」と異なり、名詞や代名詞に直接付いて疑問文をつくることができる。例えば、沖縄語で「元気か？」という場合、「がんじゅー」【元気】に「〜いぃ？」を付けて、「がんじゅー　いぃ？」という。「ごーやー」【苦瓜】も「っやー」【お前】も「〜いぃ？」を付けて、「ごーやー　いぃ？」「っやー　いぃ？」という疑問文ができる。


　　がんじゅー　いぃ？【元気か？】　ごーやー　いぃ？　【苦瓜か？】
　　っやー　いぃ？【きみか？】


　上の例のように、語末が母音である場合は直接「〜いぃ？」を付けるだけで疑問文ができるのだが、語末が「ん」n の語の場合は「ん」と「〜いぃ？」の間に母音 u が挿入され、文末は「〜ぬいぃ？」-nuyi となる。

　例を挙げよう。「さんしん」【三線】に「〜いぃ？」を付けて「三線か？」という疑問文をつくる場合、「さんしん」の直後に u が挿入され「さんしぬ　いぃ？」となる。「ちゃたん」【北谷（地名）】も語末は n なので「ちゃたぬ　いぃ？」【北谷か？】という。

n で終わる語＋疑問助詞「いぃ」の時の変化

| さんしん | いぃ？ | さんしぬ | いぃ？【三線か？】 |
|---|---|---|---|
| sanshin | yi | sanshi-nu | yi |
| ちゃたん | いぃ？ | ちゃたぬ | いぃ？【北谷か？】 |
| Chatan | yi | Chata-nu | yi |

「さんしん」に「〜いぃ？」が加わると sanshinyi となり、n と y の子音が連続することになる。この子音の連続を避けるため、母音が挿入される。母音の挿入はよくみられる現象である。

もうひとつ例を挙げよう。沖縄語で「北谷へ」という場合、「ちゃたん」に「んかい」【〜へ】を加えて文をつくるが、この場合も「ん」がふたつ連続するので、ふたつの「ん」の間に u を挿入し「ちゃたぬんかい」という。なぜ母音を挿入するのか？答えは、母音があると発音しやすいからだ。上の例を、母音挿入がない場合とある場合とで実際に発音し、違いを体感してみよう。

「〜いぃ？」は名詞や代名詞以外に、動詞や形容詞の過去形、また動詞の否定形に付けて疑問文をつくることができる。まずは動詞や形容詞の過去形を含む疑問文をみてみよう。

沖縄語で「食べたか？」はどういうのだろうか。「食べた」は「かだん」といい、語末に「ん」があるので、「〜いぃ？」を加えると母音挿入が起こり「かだぬ いぃ？」という文になりそうだが、そうはならない。実は「かでぃ？」という。先に説明したように、単純にふたつの語を並べるだけではない。では何がちがうのかみてみよう。

動詞や形容詞は、名詞や代名詞とは異なり、活用する。動詞や

形容詞は語幹と活用語尾から成っており、疑問文をつくる時は基本的に「〜いぃ？」は語幹に付く。kadan【食べた】の場合、語末の -an を取り除いたかたちに「〜いぃ？」yi が付く。しかし、kadyi となり d と y の子音が連続する。子音の連続を避ける方法は基本的にふたつある。ひとつは上でみたように、子音間に母音を挿入する方法。もうひとつは連続する子音のひとつを消してしまうことだ。沖縄語の動詞や形容詞を含む疑問文の場合は後者である。y が落ち kadi「かでぃ」となる。子音を消すのも多くの言語にみられる現象である。形容詞「まーさたん」【おいしかった】も「かだん」【食べた】と同様の方法で語末の -an を除いたかたちに i を付けて「まーさてぃ？」【おいしかったか？】という文ができる。

「〜いぃ？」を使った動詞・形容詞の疑問文のかたち

| かだん【食べた】 | | かでぃ？【食べたか？】 |
|---|---|---|
| kadan | いぃ？ | kadi |
| まーさたん【おいしかった】 | + yi → | まーさてぃ？【おいしかったか？】 |
| maasatan | | maasati |

　次は、動詞の否定形を使った疑問文をみてみよう。否定形も活用形なのだから、過去形と同様に語幹に「〜いぃ？」を付けて yi の y を消去して疑問文をつくる、といいたいところだが、そうではない。

　「かまん」【食べない】を例に挙げよう。沖縄語で「食べないか？」は「かまに？」といい、文末は「〜に？」である。これは

「かまん」【食べない】に「〜いぃ？」yi の語頭子音 y が落ちた i が付いたものである。つまり、語幹ではなく、語末に直接付けたかたちである。否定形は「ゆまん」【読まん】、「ぬまん」【飲まない】などのように「ん」でおわるので、疑問文は通常「〜に？」というかたちになる。

    かまん　＋　いい？　→　かまに？【食べないか？】
    kaman　　　　　yi　　　　　kama-ni

## ▎係り結び「どぅ」

　疑問助詞以外の助詞についてもいくつかみてみよう。沖縄語には強調をあらわす助詞「どぅ」があり、「動詞・形容詞の連体形」と呼応して強調文をつくる。「どぅ」は、日本語の古語にある係り結びの係助詞「ぞ」と関係があるといわれており、動詞の連体形で結ぶという点も類似している。動詞や形容詞の終止形語末の「ん」を「る」に変えて連体形をつくり、「どぅ」の後において文をつくる。

　例えば、「まーさん」【おいしい】の連体形は「まーさる」、「わっさん」【悪い】の連体形は「わっさる」、「やん」【である】の連体形は「やる」で、それぞれを使って以下のように強調文をつくることができる。

    うちなーすば どぅ まーさる【沖縄そばこそがおいしいのだ】
    っやー が どぅ わっさる　　【君こそが悪いのだ】

ごーやー　どぅ　やる　　　　　【苦瓜であるのだ】

　「どぅ」が単独で使われている例もある。例えば、「なーだ　5
時　どぅ　やしが」【まだ5時なんだけど】。沖縄でよく耳にする
「ぬちどぅ宝」という表現があるが、この「どぅ」も強調をあら
わす助詞である。
　主格をあらわす助詞もみてみよう。沖縄語では「が」と「ぬ」
が主格をあらわす。「が」は人名、人称代名詞など主語が人に関
係する場合に、「ぬ」はそれ以外に使われ、日本語とだいぶ異な
る。

　　　わー　が　かだん　　【私が食べた】
　　　うや　が　うぅん　　【親がいる】
　　　みじ　ぬ　まーさん【水がおいしい】
　　　きー　ぬ　たかさん【木が高い】

　目的語を示す助詞はどうだろう。日本語には目的語を示す助詞
「を」がある。「水を飲む」「映画を見る」などが例として挙げら
れるが、日常の会話では「を」を省いて話す場合も多い。例え
ば、「水飲む」ともいえるし、「映画見る」なども普通に聞かれ
る。一方、沖縄語では日本語の「を」に対応する助詞がなく、
「うちなーすば　かむん」【沖縄そばを食べる】、「みじ　ぬむん」
【水を飲む】などのようにいい、目的語を示す助詞はない。

## 「私たち」が「私」の意味？

　沖縄語には「ん」や「んー」で始まる語があることや、つまる音で始まる語もあることは既に紹介した。ここでは、語彙や表現の違いや使い方の違いも含め話を進めよう。

　沖縄語で「私」は「わん」または「わー」という。この語の複数形は「わったー」【私たち】である。沖縄語で「私の家」という場合、「わったー やー」という。直訳すると「私たちの家」となる。「私の妻」という時も「わったー」を使い、「わったー とぅじ」という。もちろん「妻」の夫は複数いるわけではない。このような使い方では「わったー」は「私」の意味だ。ペットも含め家族を指す場合は同じような使い方をする。

　　わったー やー【私の家】　　わったー とぅじ【私の妻】
　　わったー まやー【私の猫】

「いったー」【君たち】も「わったー」【私たち】と同様な使い方をする。「いったー」の単数形は「っやー」だが、「いったー やー」【君の家】、「いったー とぅじ」【君の妻】、「いったー しーじゃ」【君の兄／姉】などという。複数形を使って相手を婉曲的に指す表現法だといわれている。

　興味深いのは中年層の会話で「いったー」と言うべきところを「やったー」と言っているのを耳にする。「わん」が「わったー」であるので、「っやー」は「っやったー」となったのだろう。理にかなってはいるが、年配の沖縄語話者はこうは言わない。さら

に、中年の年齢層ではすでに語頭の「っ」は語の意味を弁別する機能は失われているので、「っやー」と「やー」に意味の違いはない。

　親族名称などの語彙は日本語とだいぶ異なるので、主な例をみてみよう。

　「祖父母」は「ふぁーふじ」、「親」は「うや」で、男女の違いは兄弟も含め「いぃきが」【男性】または「いぃなぐ」【女性】を語頭において表現する。語頭の「いぃ」yiの発音に気をつけながら発音してみよう。


　　いぃきが　ふぁーふじ【祖父】（「うすめー」とも）
　　いぃなぐ　ふぁーふじ【祖母】（「はーめー」とも）
　　いぃきが　うや　　　【父】　　（「すー」とも）
　　いぃなぐ　うや　　　【母】　　（「あんまー」とも）


　兄弟を表す場合も男女を区別して「いぃきが〜」「いぃなぐ〜」のような語構造になる。「いぃきが」「いぃなぐ」の後に「しーじゃ」【年上】または「うっとぅ」【年下】が続く。


　　いぃきが　しーじゃ【兄】　　いぃなぐ　しーじゃ【姉】
　　いぃきが　うっとぅ【弟】　　いぃなぐ　うっとぅ【妹】


　日本語で「兄弟」は「兄」「弟」と並び、年上＋年下の順であるが、沖縄語では「うっとぅ」（年下）＋「しーじゃ」（年上）と並

べ「うっとぅしーじゃ」といい、日本語とは語順が逆になっているのは興味深い。「ちょーでー」【兄弟】ともいう。

　「おじ」と「おば」は「いぃきが〜」「いぃなぐ〜」のような語構造ではなく、「うぅじゃさー」【おじ】、「うぅばまー」【おば】という語を使う。語頭の wu の発音に気をつけよう。

## ┃似ているようでちがうことば

　先にも説明したが、日本語と沖縄語には共通する語が多い。しかし、意味や使い方はかならずしも同じではない。その例をいくつかみてみよう。

　沖縄語に「くるすん」という語がある。これを日本語に直訳すると「殺す」という意味になる。「くるすん」には主にふたつの意味があり、ひとつは「動物などを殺す」、もうひとつは「殴る／打つ／叩く」である。冗談半分の会話でも「くるさりんどー」などいう表現が使われるが、これを直訳すると「殺すぞ」という意味になる。もちろんこの場合、話し手に相手を「殺す」という意志はない。さらに、「くるすん」を強調する表現に「たっくるすん」がある。日本語に直訳すると「叩き殺す」にあたるのだろうか。しかし、「たっくるすん」には「殺す」の意は無く、「殴る／打つ／叩く」または「やっつける」の意味がある。以前、殺意の有無が判決に直結する裁判で「くるすん」という語の意味の解釈が問題になった例があると聞く。

　日本語では既に死語となってしまった古語が、沖縄語においては現在も日常会話で使われていることはよく沖縄の新聞や雑誌な

どでも話題になる。体の部位の名称もいくつか古語が残っているのでみてみよう。

　体の上部から順に挙げると、「ちぶる」【頭】、「うとぅげー」【顎】、「けーな」【かいな／二の腕】、「くんだ」【ふくらはぎ】などが現在も使われている。それぞれ古語の「つぶり」、「おとがひ」、「かひな」、「こむら」に由来する。若い医者や福祉関係の仕事に携わる人々から、沖縄語で体の部位の名称がわからず対応に困る場合がある、という声を耳にする。

　体の部位の名称だけではなく、名詞、代名詞、動詞、形容詞など様々な類の古語が現在も使われている。テレビ番組のタイトルにもなった「ちゅらさん」も古語の「清ら」と同源であることは広く知られている。沖縄語では硬口蓋化が起こっているため語頭の「きよ」は「ちゅ」と変化している。

　また、一見すると現代日本語と同語のように思える語もある。「あたらさん」がその例で、日本語の「新しい」と理解してしまいかねないが、沖縄語の「あたらさん」には「新しい」という意味はなく、「大切である」という意味がある。これは日本語古語の「あたらし」（惜しい／大切である／もったいない）に由来する。沖縄語で「新しい」は「みー」または「みーさん」といい、「みーむん」【新しい物】などのように使われる。日本語古語と同源の沖縄語の他の例を挙げておこう。

沖縄語　　　　　　　　日本語古語
あーけーずー【トンボ】　あきづ【トンボ】

| かなさん【愛しい】 | かなし【心をうたれる／悲しい／愛しい】 |
| なー【あなた】 | な【汝】 |
| いらーすん【貸す】 | いらし【貸し】 |
| とぅじ【妻】 | とじ【妻】 |

## | リズミカルな複合語

　日本語にも沖縄語にも、語を繰り返してつくる複合語が多くある。例えば、日本語で「山々」は「山」を繰り返して複数を表す。「コンコン」「ひらひら」などのオノマトペも多い。

　沖縄語にもこのような類の複合語は多いが、語の一部を繰り返して韻を踏むようなかたちでつくられる、類韻重複と呼ばれる語も多く存在する。例えば、急いでいる場面でよく使われる表現で「あわてぃー　はーてぃー」【大急ぎでするさま】がある。「あわてぃー　はーてぃー　っし　いちゅたん」【大急ぎで行った】などと使う。「あわてぃー」と「はーてぃー」の部分からなる複合語で、語尾を「てぃー」で揃えており、リズミカルで非常に発音しやすい。「っし」は「〜で」、「いちゅたん」は「行った」の意味である。「あわてぃー」は「あわてぃーん」【急ぐ】の意味だが、後者の「はーてぃー」は単独の語としては存在しない。

　もうひとつ例を挙げよう。物や人がまつわりつく様子を沖縄語では「たっくゎい　むっくゎい」【べたべたくっつくようす／いちゃつくようす】という表現を使う。ふたつの部分の語尾が「くゎい」で統一されていて、韻律的に響きがよい。「たっくゎい　むっくゎい　そーん」【いちゃついている】などと使う。「たっくゎい」

は「たっくゎいん」【くっつく】の意味であるが、「むっくゎい」は意味をもたない。このような構造をもつ表現は多い。

　いくつかよく使う例を挙げておく。沖縄語が消滅危機にあるといわれる中、このような表現を日常で使っているうちなーんちゅはどのくらいいるのだろう。具体的な表現を挙げて調査すると本当の意味での沖縄語使用の実態が把握できるのではと思う。

| 表現 | 意味 | 元になる語 |
| --- | --- | --- |
| うーえー くーえー | 追いつ追われつ | うーいん【追う】 |
| きっちゃき ひっちゃき | つまずいてばかりいるさま | きっちゃき【つまずき】 |
| ごーぐち はーぐち | 不平不満をいうこと | ごーぐち【不平不満】 |
| じーぐい はーぐい | 不平不満ばかりいうこと | じーぐい【不平】 |
| しこーい むこーい | あれこれ準備すること | しこーい【準備／用意】 |
| たんかー まんかー | 向かい合っていること | たんかー【真向かい】 |
| とぅるばい かーばい | ぼんやりしているさま | とぅるばいん【ぼんやりする】 |
| まがやー ひがやー | 曲がりくねっているさま | まがやー【曲がっている物】 |
| ゆんたく ひんたく | ぺちゃくちゃとしゃべるさま | ゆんたく【おしゃべり】 |

# ……2　日本語と沖縄語の共通点……

　この二十年ほどでテレビや映画、楽曲などを通して沖縄語を耳にしたり、見かけたりする機会が多くなった。だが「沖縄語だけで書かれていたり話されたりすると、まったく意味がわからない」と感じた人も多いのではないだろうか。そういう経験から、理解できない言語（沖縄語）と自分がふだん使う日本語との間に共通点があるとは想像しがたいだろう。

　しかし、実際細かく比較してみると、日本語と沖縄語には共通点が多いことがわかる。ここでは音声の構造、語の構造、文の構造、そして語彙に関してどのような共通点があるかをみていこう。

## ▌母音の共通点

　言語の音声は母音と子音に分けられる。母音と子音はどのような種類に分けられて、またその数はどのくらいあるのだろうか。

　定義によって多少違ってくるが、世界には約 7000 の言語が話されているとされる。7000 もの言語があれば、母音や子音の種類や数も膨大になるのだろうか、というとそうではない。また、すべての言語がそれぞれ異なる母音や子音をもっているわけでもない。音声を発するために使われる音声器官は唇、歯、舌、歯茎などに限られていることを考えると、つくられる音声も限られてくるということは理解できる。そのため、異なる言語間で共通する音声があっても不思議ではなく、ごく自然なことである。

　外国語や他言語を学ぶ際に苦労するのは、自分の母語と共通す

る音声ではなく、母語にない音声である。これを実感したことがある読者も多いのではないだろうか。

　さて、日本語と沖縄語ではどのくらい共通点があるのだろうか。母音からみていこう。

　日本語には 5 つの短母音 i, u, e, o, a があり、短母音がそのまま長くなった長母音も、ii, uu, ee, oo, aa がある。沖縄語の母音も日本語とほとんど同じである。以下に挙げる語例から日本語と沖縄語の母音体系には違いがないことが確認できる。

　ここで注意を要するのは、沖縄語に短母音 e と o は存在するが、e や o を含む語はかなり少ないことだ。例に挙げた enchu「えんちゅ」【ネズミ】や omoro「おもろ」【おもろ】（奄美・沖縄諸島の古代歌謡）は数少ない語の例である。その理由は母音体系の歴史的変遷に起因する（これについて次の章で詳しく説明する）。

短母音の語の例

| 母音 | 日本語 | | 沖縄語 | |
|---|---|---|---|---|
| i | kami | 【神】 | kami | 【神】 |
| u | umi | 【海】 | umi | 【海】 |
| e | nezumi | 【ネズミ】 | enchu | 【ネズミ】 |
| o | toru | 【取る】 | omoro | 【おもろ】 |
| a | nami | 【波】 | nami | 【波】 |

長母音の語の例

| 母音 | 日本語 | | 沖縄語 | |
|---|---|---|---|---|
| ii | iiwake | 【言い訳】 | iibi | 【指】 |
| uu | guuzen | 【偶然】 | uumaku | 【腕白】 |
| ee | neesan | 【姉さん】 | eesachi | 【挨拶】 |

| oo | toosan 【父さん】 | kooin | 【買う】 |
|---|---|---|---|
| aa | kaasan 【母さん】 | haa | 【歯】 |

## ▌子音の共通点

　子音の種類や数についてもほとんど同じである。日本語と沖縄語に共通している子音を種類ごとに簡単にまとめると以下のようになる。

・パ行、バ行、タ行、ダ行、カ行、ガ行などの破裂音。声道の気流の流れを止めた後に開放して発声される音声。例えば、日本語のkata【肩】の母音を除いたkとtの音。沖縄語でもkata【肩】という。

・ハ行、サ行、ザ行などの摩擦音。気流が狭められた部分を通ることによりつくり出される音声。破裂音のように気流の流れが閉鎖されることはない。例えば、hashi【橋】の母音を除いたhとshの音。沖縄語でもhashi【橋】という。

・破擦音。破裂音を開放する際に摩擦音を伴う音声。例えば日本語のchi【血】やji【字】の母音を除いたchとjの音。沖縄語ではchii【血】、jii【字】という。

・ナ行やマ行、「ん」の鼻音。気流が鼻を通ってつくり出される音声だが、唇を閉じるなどの口腔内の閉鎖も同時に起こる。例えば、nama【生】の母音を除いたnとmの音。沖縄語でもnama【生】という。

・ヤ行や「ワ」の半母音。気流の閉鎖も摩擦音も伴わない、母音に近い特徴をもつ音声。例えば日本語のyowai【弱い】の

母音を除いた y と w の音。沖縄語ではそれぞれ yoosan【弱い】と wakasan【若い】という。

・ラ行の弾音。舌先が歯茎などを一回弾くことにより生じる音声。ラ行から母音を除いた r の音。

なお、r 音は言語によって大きく異なることがあるが、日本語と沖縄語は同じ「弾音」である。例えば、沖縄語をまったく知らない日本語話者が「ちゃんぷるー」(料理名)、「ハーリー」【舟漕ぎ競争】、「とーびーらー」【ゴキブリ】と発音しても、語末の「るー」「りー」「らー」の r 音の発音は、沖縄語話者にとってまったく違和感はなく聞き取れる。

## 音節の共通点

音単独でみたので、次は音のまとまりをみてみよう。

言語には「音節」という音声を構成する単位がある。母音を中心とする音声のまとまりを指し、母音の直前や直後に子音を伴う場合もあれば、母音単独の場合もある。例えば、日本語の hon【本】という語は o の母音ひとつと、その前後に h と n を伴う 1 音節で構成される。inu【犬】は i と nu のふたつの音節から成る。

また、音節は開音節と閉音節に分類することができる。この違いは、母音で終わる音節か子音で終わる音節か、ということである。音節末に母音があれば開音節、子音があれば閉音節ということである。inu【犬】の、i と nu は両方とも開音節、hon【本】は子音 n が音節末にあるので閉音節となる。

日本語と同様、沖縄語にも開音節と閉音節が存在する。例えば、

沖縄語の ami【雨】は a と mi のふたつの音節から成り、両方とも開音節である。一方、in【犬】はひとつの音節から成り、子音 n で終わるので閉音節である。kamun【食べる】は開音節 ka と閉音節 mun から成る語で、第2音節の mun は閉音節にあたる。

　日本語と沖縄語の音声には共通点が多くあることがわかった。これは日本語を母語とする人にとって、沖縄語は音声に関していえば比較的「理解し易い」または「学び易い」言語ということであろう。これを念頭に沖縄語を聞くと、以前より理解ができるかもしれない。

## ▌語構造や文構造の共通点

　日本語と沖縄語は言語の類型と分類の観点からみると、両言語とも、語と接辞が明確な膠着語（こうちゃくご）に分類される。

　耳慣れない用語かもしれないが、ひとつの語に、文法的な意味をもった接辞を加えて複合語や句、そして文をつくる言語のことである。簡単にいえば、膠着とはくっつくということで、語と語がくっつく特徴があるということだ。

　例えば、「彼が私の兄です」という文には、「彼」「私」「兄」という語があり、文法的な役割をもつ「が」「の」「です」が添えられ、文が成り立っている。さらに、「彼」と「私」を入れ替えると「私が彼の兄です」となり、文の意味は変わってくるが、日本語の文としては成り立っている。また、「彼」と「私」の語形は変わらない。

　文中の個々の部分が明確で、語形も基本的に変わらないのが膠

着語の特徴である。以上の説明ではまだ膠着語の特徴がわかりづらいかもしれない。そういう場合は他の言語、膠着語ではない言語の特徴と比較するとわかりやすいだろうから、英語の代名詞の構造と比較してみよう。

　英語で「彼が私の兄です」を He is my older brother. という。日本語と沖縄語のように単純に He と my を入れ替えると *My is he older brother. となり、文として成り立たない（*は実際には文として成り立たないものを例にする場合に示す記号）。He という語は「彼」ではなく「彼が」という文法的役割（主格）をももっているからで、語順だけでなく語の「かたち」も重要であるということだ。He と my を入れ替えて意味をもつ文に変える場合、my は I へ、He は his へ、さらに is も am へと変えて I am his older brother.「私が彼の兄です」とする必要がある。英語の代名詞は文中での役割に応じて、その役割のかたちに変化するのだ。これは語を並べて接辞が文法的役割を担う膠着語の特徴とは大きく異なる。

　句の構造についても両言語で共通点が多い。例えば、形容詞と名詞からなる名詞句を例にとると、日本語の「美しい海」と沖縄語の「ちゅらさる海」のように、形容詞は名詞の前に置かれる。ただし、相違点の説明でも触れたが、沖縄語では名詞を修飾する際に形容詞の活用形が異なる。「ちゅらさん」【美しい】をそのままの形で「海」を修飾するのに使うことはできない。「ちゅらさん」の語末の「ん」を「る」へと活用させ「ちゅらさる」とする必要がある。以下に他の例とともにまとめる。

|  | 形容詞 |  | 名詞 |  | 名詞句 |
|---|---|---|---|---|---|
| 日本語 | 美しい | + | 海 | = | 美しい海 |
| 沖縄語 | ちゅらさん【美しい】 | + | 海 | = | ちゅら<u>さ</u>る海 |
| 日本語 | おいしい | + | そば | = | おいしいそば |
| 沖縄語 | まーさん【おいしい】 | + | すば【そば】 | = | まー<u>さ</u>るすば |

　また、文の構造では、両言語とも目的語の後に動詞がくる「目的語—動詞型」言語でもある。「そばを食べる」という文で比べてみよう。

日本語　そばを食べる
沖縄語　すば　かむん

　沖縄語には日本語の「を」のような目的語を示す助詞はないが、「が」のような主格助詞や「の」のような属格助詞などがあり、他の文法的機能を示す機能語の置かれる位置や役割についても共通点は多い。
　続いて、疑問文についてみてみよう。日本語も沖縄語も基本的には語順を変えずに文末に疑問助詞を置くことで疑問文をつくるので、構造自体は同じである。以下に挙げた沖縄語の例にある「ぬー」は「何」を意味し、「かみぶさが」【食べたいか】は「かみぶさん」【食べたい】と疑問助詞「が」【か】から成る。

日本語　何を食べたい<u>か</u>

沖縄語　ぬー　かみぶさが【何を食べたいか】

## ┃語彙について

　先に、日本語で使われていない沖縄語独特の語彙を紹介したが、実は共通点の方が多い。体の部位の名称だけでも「まゆ」「はな」「くち」「みみ」「くび」「かた」などはまったく同じである。また、音声の歴史的な変化のため多少異なる部分があるが、基本的に同じ語源をもつ語も多い。「まちぎ」【まつ毛】、「みー」【目】、「ちら」【面＝顔】、「ふぃちぇー」【額】、「ぬーでぃー」【喉】、「うでぃ」【腕】、「てぃー」【手】、「ちみ」【爪】、「ふぃじ」【肘】、「くし」【腰】、「むむ」【腿】などである。上で紹介した「くんだ」【ふくらはぎ】や「とぅじ」【妻】などもかつて日本語で使われた古語と同語源である。

　なお、日本語と沖縄語にはまったく同じ語形があると述べたが、発音の仕方（「アクセント」という）は必ずしも一致はしない。

　沖縄語の動詞や形容詞の活用は日本語とはかなり異なり、一見したのではわかりにくいが、名詞と同様、基本語彙については同一語源の語が多い。例えば、形容詞「たかさん」と「高い」、「ひくさん」と「低い」はそれぞれ同一の語幹だと容易にわかる。動詞も同様である。沖縄語の「かちゅん」「ぬむん」はそれぞれ日本語の「書く」「飲む」と同一の語幹である。「ぬむん」は、語頭の音節の母音はoがuへ変化したため「ぬ」となっている。他の例からも同源の語彙が多いことが確認できると思う。

形容詞　　あかさん【赤い】　　あちさん　【暑い】　　やっさん【安い】

　　　　　あまさん【甘い】　　みじらさん【めずらしい】

動詞　　　いちゅん【行く】　　ゆむん　　【読む】　　とぅいん【取る】

　　　　　うきーん【起きる】　はじみーん【始める】


　次に、指示語についてみてみよう。日本語の指示語 kore【こ
れ】、sore【それ】、are【あれ】は物、事柄、人を指す際に使われ
る。沖縄語でも同じ語幹をもつ指示語が使われるが、発音が少し
異なり、kuri「くり」、uri「うり」、ari「あり」となる。上でも指
摘したが、沖縄語では母音 o が u へ変化したため、日本語の o
に対応する音声は u である。つまり、日本語のオ段の音声は沖
縄語ではウ段で発音する。このため、日本語の kore【これ】は沖
縄語では kuri「くり」となる。「それ」は語頭の so の s が消えて
しまったため、沖縄語では uri「うり」となる。さらに、沖縄語
では e も i へ変化したため、日本語のエ段に対応する音声はイ段
となる。そのため、「これ」「それ」「あれ」の「れ」re は沖縄語
で「り」ri と発音する。以下に連体形も並べてまとめておく。例
中の kuree「くれー」、uree「うれー」、aree「あれー」は、続く
「は」と母音の融合が起こっている。


終止形　　くり【これ】　くれー　まーさん【これはおいしい】

　　　　　うり【それ】　うれー　まーさん【それはおいしい】

　　　　　あり【あれ】　あれー　まーさん【あれはおいしい】

連体形　　くぬ【この】　くぬ　まやー【この猫】

うぬ【その】　うぬ　まやー【その猫】
あぬ【あの】　あぬ　まやー【あの猫】

　言語には欠かせない基本語彙、数詞もみておきたい。両言語の数の数え方は体系的に同じで、使われる数詞自体も同源の語彙である。発音に多少の違いはあるが、ふたつを並べると酷似していることがわかる。

|  | 1 | 2 | 3 | 4 | 5 |
|---|---|---|---|---|---|
| 日本語 | ひとつ | ふたつ | みっつ | よっつ | いつつ |
| 沖縄語 | てぃーち | たーち | みーち | ゆーち | いちち |

|  | 6 | 7 | 8 | 9 | 10 |
|---|---|---|---|---|---|
| 日本語 | むっつ | ななつ | やっつ | ここのつ | とー |
| 沖縄語 | むーち | ななち | やーち | くくぬち | とぅー |

　人を数える数詞についてはさらに似ている。

|  | 1 | 2 | 3 | 4 | 5 |
|---|---|---|---|---|---|
| 日本語 | ひとり | ふたり | さんにん | よにん | ごにん |
| 沖縄語 | ちゅい | たい | みっちゃい | ゆったい | ぐにん |

|  | 6 | 7 | 8 | 9 | 10 |
|---|---|---|---|---|---|
| 日本語 | ろくにん | しちにん | はちにん | くにん | じゅーにん |
| 沖縄語 | るくにん | しちにん | はちにん | くにん | じゅーにん |

最初の4つ「ちゅい」「たい」「みっちゃい」「ゆったい」以外はほとんど同じであることは容易に理解できる。「ぐにん」guninと「るくにん」rukunin の「ぐ」gu と「る」ru に含まれる母音は元々は o であり、u へ変化した。つまり、以前はそれぞれ「ご」go と「ろ」ro であった。「みっちゃい」と「ゆったい」は他と異なり不規則のパターンを示しているが、「みっちゃい」は日本語の「みっつ」、沖縄語の「みーち」と類似していることは気付く。「ゆったい」【四人】も日本語の「よっつ」や沖縄語の「ゆーち」と語幹が同源であることはわかるかと思う。

　「ちゅい」「たい」は日本語の「ひとり」「ふたり」と一見語源が異なるようにみえるが、同源である。よく比べてみると、沖縄語の方は1音節少ないことに気づく。これは語頭の音節を失ったためである。「ちゅい」「たい」には日本語の「ひとり」「ふたり」の「ひ」と「ふ」に対応する音節があった。つまり、「ちゅい」chui は以前「ひとぅり」hituri のように発音されていたが、t の直前の母音 i が t を硬口蓋化させ、t が ch となった。その後、語頭の「ひ」hi は脱落した。また、「り」ri の r 音は母音間にあると脱落するという変化の影響を受け、「い」i になり、結果「ちゅい」となった。

　「たい」も以前は「ふたり」であったが、「ちゅい」と同様の変化を経て、語頭の音節と r を失い現在の形となった。この一連の変遷過程をわかり易く並べると、下のようになる。

| | r脱落 | | 硬口蓋化 | | 語頭音節の脱落 |
|---|---|---|---|---|---|
| ひとぅり<br>hituri | → | ひとぅい<br>hitui | → | ひちゅい<br>hichui | → | ちゅい<br>chui |
| ふたり<br>futari | → | ふたい<br>futai | （硬口蓋化は<br>起こらない） | → | たい<br>tai |

　硬口蓋化についてもう少し説明しておこう。硬口蓋化とは、母音 i がその前後に位置する子音を変化させる現象である。上の例では、母音 i の直後にある t が ch へと変化していて、hitui＞hichui の変化に硬口蓋化現象が確認できる。なぜ母音 i はこのような変化を起こすのだろうか。これは母音 i が発声される際の舌の位置と関係がある。i 音を出すとき、舌は口腔内の高い位置に近い。この口の中の天井にあたる硬い部分を硬口蓋という。

　一方で、t 音を発声する際、舌は歯茎の位置にある。硬口蓋でつくられる i 音の舌の位置に影響を受けて、歯茎の位置にある舌が硬口蓋へ移動して ch と変化する。次の図は舌が歯茎から硬口蓋へ移動している様子を示している。左が t の音を発する時の舌の位置。右は t 音の舌の位置が上部（硬口蓋）へ移動し ch 音と発音する際の舌の位置。実際に発音して確認してみてほしい。

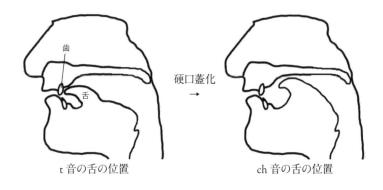

歯

舌

硬口蓋化
→

t 音の舌の位置

ch 音の舌の位置

　硬口蓋化がみられるのは t 音だけではなく、k や g もその影響を受け、舌の位置が上方向へ移動し ch や j と発音される。「うちなー」【沖縄】、「くじ」【釘】などの例がある。

　沖縄語と日本語を細かく比較してみると音声の構造、語の構造、文の構造、語彙について多くの共通点があることがわかったと思う。このように類似点が多いと、日本語と沖縄語の関係はどうなっているのだろうかと考えてしまう。次の項で日本語と沖縄語の関係をみていこう。

# ……3　言語に「親族関係」があるのか……

　日本語と沖縄語には音声や語彙、文構造など異なる点もあるが、類似する部分も多くあった。なぜ似ているのか？　ふたつまたは複数の言語において類似点がみられる場合、主な理由として考えられるのは「偶然の一致」、または「これらの言語間には何らかの関係がある」であろう。

　上でみてきたように、日本語と沖縄語の間には体系的及び構造的な類似がある。音声の規則的対応関係がそのひとつの例であるが、このような類似を偶然の一致を理由に説明することは非常に難しい。

　では、日本語と沖縄語の間には何らかの特別な関係があるのだろうか。言語間に類似を生じさせる「何らかの関係」についてまず挙げられるのは言語接触だ。言語接触とは言語話者が他の言語話者と接触するということである。話者が対面で接触する場合はもちろんだが、視覚的および聴覚的メディアなどを介しての接触も含まれる。最近ではインターネットなどの普及で言語の接触は頻繁に起こっている。接触した言語は相互に影響を与える。外来語の存在は言語の接触によって生じる典型的な例である。

　言語接触以外に、もうひとつ重要な関係がある。それは「同じ系統の言語である」ということだ。「なぜ似ているのか？」への答えだが、結論からいうと、日本語と沖縄語は同系統の言語の関係にあるから、である。簡単にいえば「親族関係」にあるということである。言語にも親や子ども、兄弟姉妹などのような関係が

あるのだろうか、と気になるが、例を挙げて説明しよう。ヨーロッパでは多くの言語が話されているが、その中にロマンス諸語というグループ（「語族」という）がある。フランス語、スペイン語、イタリア語、ポルトガル語、ルーマニア語などの言語が含まれ、言語学的に類似する部分が非常に多い。なぜ類似点が多いのかというと、これらの言語はもともと俗ラテン語から派生、変化し、現在のようなかたちになったからである。変化したとはいえ、もとの俗ラテン語の特徴を留めているところもあるのだ。

俗ラテン語はフランス語、スペイン語、イタリア語、ポルトガル語、ルーマニア語のいわば「親」にあたり、フランス語、スペイン語、イタリア語、ポルトガル語、ルーマニア語は同じ親をもつ「兄弟姉妹」のような関係にあたる。同じ親をもつ兄弟姉妹に類似点があるというのはごく自然であるというわけだ。分岐前の共通言語を祖語という。フランス語、スペイン語、イタリア語、ポルトガル語、ルーマニア語は俗ラテン語という共通の祖語をもつといえる。

### 沖縄語と日本語のルーツは共通

では日本語と沖縄語の関係はどうなっているのだろう？　日本

語と沖縄語は共通の言語から分岐し、それぞれ異なる変化を経て
現在のようになった。しかし、分岐前の言語の特徴を現在も保持
しているため、日本語と沖縄語の類似点も多いというわけだ。日
本語と沖縄語の系統関係を簡単な系統図で示すと下のようにな
る。沖縄語は琉球諸語の一言語なので、琉球語の下位に示してい
る。琉球諸語とは沖縄語の兄弟姉妹にあたる言語のことで琉球語
という共通の親言語をもつ。沖縄語を中心にこの系統図をみてみ
ると、沖縄語の「親」にあたるのが琉球語で、日本語と琉球語の
共通の親にあたるのが日本・琉球祖語ということになる。

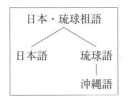

　日本語と琉球語が祖語からいつごろ分岐したのかは明らかにな
っていないが、西暦500年ごろだという研究者もいる。現在存
在する多種多様な琉球諸語・方言は言語学的な特徴に基づき分析
すると、奄美語、国頭語、沖縄語、宮古語、八重山語、与那国語
の6つの言語に分類できる。さらに奄美語、国頭語、沖縄語は
共通の特徴がある言語群として北琉球語と呼ばれ、宮古語、八重
山語、与那国語も北琉球語とは異なる特徴を共有していること か
ら南琉球語という言語群にまとめることができる。祖語や、そこ
からそれぞれの言語に変遷していった過程については3章であ

らためて詳しく説明する。

```
        ┌         ┌ 奄美語（奄美徳之島諸方言）
        │ 北琉球語 ┤ 国頭語（沖永良部与論沖縄北部諸方言）
        │         └ 沖縄語（沖縄中南部諸方言）
琉球語 ┤
        │         ┌ 宮古語
        └ 南琉球語 ┤ 八重山語
                  └ 与那国語
```

## 音から関係を探る

　硬口蓋化や母音の統合（e＞i, o＞u）、一音節短母音の長母音化などを経て、沖縄語は現在のかたちになったわけだが、もしこれらの変化が起こらなかったとしたら、日本語とかなり類似していただろう、ということは容易に想像できる。硬口蓋化や母音の統合、一音節短母音の長母音化を逆戻りして、確かめてみよう。

　まずはじめに日本語と沖縄語にはまったく同じように発音する語があることを確認しておこう。これまでに挙げた語例を中心にみてみると「眉」「鼻」「口」「耳」「首」「肩」「神」「海」「波」「石」「道」「牛」「花」「草」「虫」などがある。これらは上に挙げた変化の影響を受けていないということだ。

　硬口蓋化が起こっている語には「いちゃ」icha【イカ】、「しちゃ」shicha【下】、「くじ」kuji【釘】、「ひじゃい」hijai【左】などがある。これらの語を変化が起こる前のかたちに戻すと、ika【イカ】、shita【下】、kugi【釘】、hidai【左】となり、日本語とほとんど同じかたちになる。ただし、hijai【左】については語末の

母音 i の直前にあった r が失われるという変化もあわせて起こっている。このような環境で起こる r の脱落は沖縄語のもうひとつの特徴で、ai【蟻】、kusui【薬】、tui【鳥】、haai【針】など多くの語にみられる。

| 現在 | 硬口蓋化前 |
| --- | --- |
| icha | ika 　【イカ】 |
| shicha | shita 　【下】 |
| kuji | kugi 　【釘】 |
| hijai | hidai 　【左】 |

　次に、短母音 e と o が i と u へそれぞれ統合するという変化をもう一度確認しておこう。

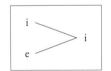
母音 i と e は、i に統合される

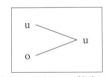
母音 u と o は、u に統合される

　この変化の影響を受けた語には hani【羽】、huni【船】、kumu【雲】、utu【音】、yumi【嫁】などがある。これらの語の統合が起こる前のかたちはそれぞれ hane、hune、kumo、oto、yome となり、日本語と同じ発音になる。

| 現在 | 母音の統合前 |
|------|-----------|
| hani | hane 【羽】 |
| huni | hune 【船】 |
| kumu | kumo 【雲】 |
| utu | oto 【音】 |
| yumi | yome 【嫁】 |

　一音節語の長母音化を経てできた語には「ちー」chii【血】、「ひー」hii【火】、「はー」haa【歯】、「ひー」hii【屁】、「ちー」chii【気】などがある。はじめの3つの語は長母音を単母音に変えると変化以前のかたちになるが、hii【屁】はeとiの母音統合の影響も受けているので、母音統合前に戻す必要がある。chii【気】も長母音化に加えて、硬口蓋化の影響を受けている。変化以前のかたちに戻すと、日本語と語形が同じであることがわかる。

| 現在 | | 長母音化前 | | 硬口蓋化前 | | 母音統合前 | | 変化前 |
|------|---|----------|---|----------|---|----------|---|--------|
| chii | → | chi | → | | | | | chi 【血】 |
| hii | → | hi | → | | | | | hi 【火】 |
| haa | → | ha | → | | | | | ha 【歯】 |
| hii | → | hi | → | | | he | → | he 【屁】 |
| chii | → | chi | → | ki | → | | | ki 【気】 |

　このように日本・琉球祖語から分岐した後に琉球語で起こった変化を逆戻りすると日本語に酷似することがわかる。もちろんこ

れは両言語が同系統の言語だからである。ここでは簡潔に3つの変化について説明したが、実際は様々な変化が地域のことばに影響を与え、多様性を生み出している。沖縄語の発達過程については後の章でまた詳しく紹介しよう。

## 日本語古語と沖縄語

　日本語と沖縄語を比べると、音声の特徴以外にもうひとつ沖縄語の特徴がみえてくる。日本語で使われなくなった古語が沖縄語では現在も使われていることだ。なぜ沖縄では現在も古語が使われているのだろう？

　まずは沖縄語で使われている古語にはどのようなものがあるかみてみよう。よく知られている沖縄の観光地のひとつに「美ら海水族館」があるが、「美ら」は「ちゅら」と読み「美しい」という意味である。これは古語の「きよら」【美しい】と同源で、沖縄語では硬口蓋化の影響を受け「ちゅら」と発音する。この語は近年、観光地や地元特産品など様々なところで使われているので認知度が高い語のひとつだ。

　沖縄では魚や豚肉がよく食卓にあがる。ちなみに県魚は「ぐるくん」（タカサゴ）という魚だ。沖縄語で魚は「いゆ」といい、古語の「いを」【魚】と同源である。魚を食べる時に気をつけたいのが魚の骨だが、沖縄語では魚の骨を「んじ」という。「刺」という意味でも使われる。これも古語の「のぎ」【喉に刺さった魚の骨】と同源だ。「肉」は「しし」といい、古語でも「しし」【肉】で発音も同じである。これ以外に日常よく聞かれる語をい

くつか以下にまとめておく。

| 沖縄語 | 日本語古語 | |
|---|---|---|
| ちぶる | つぶり | 【頭】 |
| あくた | あくた | 【ごみ】 |
| ひる | ひる | 【ニンニク】 |
| っんまが | うまご | 【孫】 |
| くんだ | こむら | 【ふくらはぎ】 |

　なぜ沖縄語に古語が残っているのだろうと考えてしまうが、日本語に焦点をあてて、これらの古語はなぜ日本語で使われていないのだろうと考えることもできる。そう捉えてこれらの語彙をみてみると、日本語では「魚」を「いを」と言わず「さかな」という。また、「頭」を「つぶり」とは呼ばず「あたま」というなど、日本語にはこれらの古語に代わる語がある。つまり、同じ意味を表す新しい語が日本語では出てきたということで、「さかな」は「いを」に、「あたま」は「つぶり」に取って代わり、古い語彙は使われなくなったのだ。沖縄語ではこのような変化は起こっていないため、「いゆ」や「ちぶる」など古い語彙が残っているというわけだ。

　ここで確認しておきたいのが、この「新しい語の誕生」は、日本語と琉球語が共通の祖語から分岐した後の変化であるということ、つまり系統には関係なく、日本語だけで生まれた新しい特徴であるということである。

これまで使っていた語は、新しい語が現れることにより使われなくなる。このような革新的変化は、隣接する地域の言語や方言へ伝わり広がっていくこともある。言語学ではこのような現象は「波紋説」の例として取り上げられる。波紋説とは、語の変化の伝播の仕方を、静かな池に小石を投げ入れた際に、小石が落ちたところを中心に波紋が広がっていく様子にたとえる考え方だ。ことばAで新しい語が使われ始めると、その変化は隣の地域で使われることばBへ伝播し、その後さらに周辺にあることばC、ことばDなどと徐々に広がっていく。しかし、伝播の波は次第に弱まり、発生源から遠い地域で話されていることばに変化が及ばない、または変化の波が未だ到達していない場合がある。変化の発生源から離れれば離れることばほど、古い特徴が残されると波紋説は説明する。日本語で新しい語が現れ、古い語は使われなくなったが、地理的に離れた沖縄語では、その影響を受けず古語が残っているというわけだ。

波紋説のイメージ図。矢印は、ある特徴がほかの言語に影響する程度を表す

## 「類似＝同系統」ではない

　また、類似点と言語の系統の関係については注意も必要となる。「系統が同じであるから類似点が多い」という説明は、多くの場合自然ではある。ただし、「類似点があるから同系統である」という結論には必ずしもならないのだ。ある地域で話されている言語が、系統にかかわらず隣接する地域の言語へ影響を及ぼし、同じ特徴をもつことは珍しくないからである。系統が異なる言語間でも、言語の接触によって同じ特徴をもち得る。

　例えば、隣接するふたつの地域で、系統の異なる言語Ｃと言語Ｄが話されているとしよう。このふたつの言語はそれぞれ系統の異なる語族Ｘと語族Ｙに属しているが、長年の接触により、互いに影響を及ぼし多くの特徴を共有することになった。その結果、言語Ｃは同系統の言語ＡやＢよりも言語Ｄと類似し、言語Ｄも同じ系統の言語Ｅや言語Ｆよりも言語Ｃと特徴を多く共有することになる。

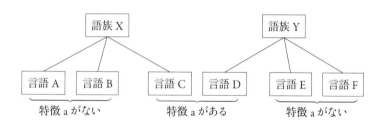

　このような状況にある言語は決して珍しくはない。系統を探る際、対象となる言語がどのような状況にあるのかなども考慮に入

れて慎重に行う必要がある。

　日本語と沖縄語の間にみられる類似点は両言語が同系統であることに起因するが、両言語の間には言語接触が起きていることも事実である。互いに影響を与えて変化してきたことは言うまでもない。また、言語接触は琉球諸語間でも起こっており、その影響を受けて琉球諸語もそれぞれが変化してきた。

　この章では沖縄語と日本語の違いや共通点、そしてこの２言語はどのような関係にあるのかをみてきた。両言語は共通言語から分岐し、異なる変遷過程を経たため、現在のかたちには違いがあるが、類似点については同じ系統であることに起因するということがわかった。また、沖縄語は琉球諸語のひとつで、兄弟姉妹関係にあたる言語があることもわかった。次章ではこの琉球諸語にみられる特徴やその多様性についてみていこう。

# 2章
# 琉球諸語の多様性

## ……1 「しま」がちがえばことばも変わる……

　沖縄では集落や部落のことを「しま」というが、「しま」の数だけ多様な「ことば」があるといっても過言ではない。

　かつて沖縄には多くの「しま」があった。「いったー　しまーまーやが？」【君の故郷はどこか？】という会話が日常でよく聞かれた。「しま」には独特のことばが話されており、それを「しまくとぅば」または、一般に「方言」という。「しま」が違えば「くとぅば」も違うといわれるほどの多様性があった。社会が大きく変化した今日では「しま」の統合や人口の流動を経て消えてしまった「しま」もあるが、「しまくとぅば」の多様性は今日でもみられ、非常に興味深い。

　各地域で話されている琉球諸語の話者がその言語だけを使って相互理解ができるかというと、地域によって多少状況は異なるが、かなり難しい場合がある。例えば、那覇とその近辺では話者の意思疎通は問題ないが、那覇と多良間島となるとお互いのことばだけで相互の理解は難しい。

例えば、奄美大島から与那国島まで「ありがとう（ございます）」という表現を地域のことばで言うと、下の例のようになる。

| 奄美語 | 奄美大島 | おぼこりょーた（「ありがたさま」「ありょーた」等とも） |
|---|---|---|
| | 喜界島 | うーがんでーた |
| | 徳之島 | おぼらだれん |
| 国頭語 | 沖永良部 | みへでぃろ |
| | 与論島 | とーとぅがなし |
| 沖縄語 | 今帰仁 | かふーし（「にへーでーびる」とも） |
| | 伊江島 | にふぇーでーびる |
| | 那覇 | にふぇーれーびる |
| 宮古語 | 来間島 | たんでぃがーたんでぃ |
| | 多良間島 | すでぃがぷー |
| 八重山語 | 石垣島 | にふぁいゆー |
| | 竹富島 | みーはいゆー |
| 与那国語 | 与那国島 | ふがらさ |

今帰仁（なきじん）

　一見、ひとつひとつが他とまったく異なるような印象があるが、詳しくみてみると、沖縄本島とその近隣の島々、八重山諸島、奄美諸島など、言語の特徴を共有するそれぞれの地域内においては類似点もみえてくる。例えば、那覇と伊江島ではほとんど同じ、石垣島と竹富島でも類似語句を使った表現であることがわかる。奄美大島と徳之島の間でも語尾は異なるが、同系語彙を使

った表現であることがわかる。

　地域によって類似した表現はみられる。そうはいっても、かなりの多様性があることがわかる。この多様性はどこから来るのだろうか。

　例えば、与那国島の「ふがらさ」はほかの地域とだいぶ異なっている。「与那国島は地理的に沖縄本島よりも台湾に近いので、与那国語は台湾の言語と同系統かもしれない、だから沖縄本島の沖縄語とは非常に異なる」、などと考える人もいるかもしれない。しかし、近隣で話されている言語だから系統が同じであるとは必ずしもいえず、地理的な近さは系統とは関係がない場合もある。バスク語はよくこの例として挙げられる。バスク語はフランスとスペインの北部で話されているが、スペイン語やフランス語とは系統が異なる。なお、スペイン語とフランス語はラテン語から分かれた同じ系統の言語である。

　琉球諸語のこの多様性は言語の変遷に起因する。言語の多様性を引き起こす要因は話者の言語知識の変化である。言語知識とは言語を使う際に必要とされる、文の構造、語の構造、音声の構造などについて多くが無意識に使われる知識である。

　言語知識やその変化について具体例を挙げて説明しよう。沖縄語では喉が詰まったような音声「っ」が語頭に置かれ、意味の違いを生み出すと上で説明したのを思い起こそう。

　沖縄語には「っやー」【おまえ／君】という語があり、語頭に「っ」の無い語「やー」【家】と区別されている。この語頭の「っ」の重要な役割についての知識は言語知識の一部であり、沖

縄語母語話者の脳内には存在する。しかし、語頭の「っ」が付く語がない日本語母語話者には、この知識がない。沖縄語のこの言語知識が次の世代で失われると「っやー」【おまえ／君】と「やー」【家】の区別がなくなってしまう。結果、言語の変化が起こるというわけだ。実際、「沖縄語話者を親に持つが、日本語を母語とする」という40〜50歳代の世代の発音を聞いてみると、どちらも「やー」と発音する傾向があるようだ。

　言語知識の変化によって言語は変化するわけだが、同系の言語内でも同じように変化するとは限らない。同じ言語を話す話者であっても、すべての話者がまったく同じ言語環境におかれているわけではないからである。例えば、同じ言語を話す話者でも他の言語や方言が話されている地域に接する環境にいる話者と、他の言語や方言との接触がほとんどない環境にいる話者の言語には変化に違いがある。異なった環境のもとでそれぞれ独自の変化が起こる。これは日本語といっても、日本列島各地で話されている日本語には多くの方言があり、世代間にも違いがあるということからも理解できる。琉球諸語も同様である。以下に琉球諸語の多様性についてその例をいくつか紹介しよう。


## ｜「砂」と「海」

　沖縄のビーチは白い砂浜と青い海がきれいだ。眺めているだけでストレスも消えてしまう光景だが、琉球諸語で「砂」と「海」は何というのかみてみよう。

　沖縄本島や近隣の島々では「砂」を一般的には「しな」「しな

ー」「すなー」「すぃな」などと言い、日本語の「砂」の発音に近い。しかし、沖縄本島からフェリーで約25分の久高島では、語頭の子音がさらに変化し、カナで表すとすると「りひいな」という。「りひ」はr音が摩擦音化したような音で、聞いて真似することも容易ではない。摩擦音とは唇や歯、歯茎や舌などによって狭められた隙間を気流が通る際に発せられるsやzなどのような音声だ。また、宮古諸島では鼻音が語頭にあり、「んーなぐ」「んーなぐー」「mなぐ」などといい、沖縄語とはだいぶ異なる。

　八重山諸島には大小多くの島々が属し、「砂」を指す語も様々である。例えば、石垣島では主に「いのー」というが、竹富島では「いんの」という。西表島やその周辺の島々でも多様性に富む。西表島で「しな」といい、新城島では「いなう」という。また小浜島では「いしのー」といい、波照間島では「いしょん」という。与那国も八重山圏内ではあるが、「砂」を「っちなん」といい、石垣島や西表島地域とはだいぶ異なるように聞こえる。沖縄本島から北に位置する奄美諸島から与論島などのことばをみてみると、多少母音の発音が異なる場合があるが、沖縄本島の語に近い。その中でも徳之島の一部の地域では多少他と異なり、「砂」を「いなそ」や「いさぐ」などという。地域ごとに類似点はみられるが、かなり違いがあることがわかる。

| | |
|---|---|
| 奄美大島（奄美語） | しな／sina |
| 徳之島（奄美語） | いなそ／いさぐ |
| 与論島（奄美語） | sïna |

| | |
|---|---|
| 沖縄諸島（沖縄語） | しな／しなー／すなー／すぃな |
| 久高島（沖縄語） | りひいな |
| 宮古諸島（宮古語） | んーなぐ／んーなぐー／m なぐ |
| 石垣島（八重山語） | いのー |
| 竹富島（八重山語） | いんの |
| 新城島（八重山語） | いなう |
| 西表島（八重山語） | しな |
| 小浜島（八重山語） | いしのー |
| 波照間（八重山語） | いしょん |
| 与那国島（与那国語） | っちなん |

　「海」を意味する語も地域により様々である。沖縄語では「海」は「うみ」や「うみー」などといい、日本語とほとんど変わらない。しかし、他の琉球諸語には独特の表現があるのでみてみよう。
　「うみ」umi という語には母音がふたつあるが、琉球諸語では語頭または語末の母音が脱落し変化したかたちが多くみられる。例えば、粟国島では「海」を「m み」mmi というが、これは語頭の母音が脱落し変化が起こったかたちである。口を閉じて m を長めに発音すればよいので比較的容易に発音できると思う。難しいのは語末の母音がない語で、例えば、奄美大島、徳之島、与論島の「う m」um だ。語末に「い」i を付けたくなるが、「う」の後に唇を閉じ、開かなければこの発音になる。これらの島々では「うん」un が使われている地域もある。日本語にも「ん」で終わる語はあるため、「うん」は比較的発音しやすい。

また、語頭が「う」ではなく「い」である語もみられる。例を挙げると宮古島や多良間島で「海」を「い m」im や「いん」in という。この特徴は八重山にもみられ、竹富島では「いん」または「いんなー」という。与那国島でも「いん」というが、「んなが」ともいう。石垣島では「いなが」が使われている。

　上で語頭または語末の母音が脱落するかたちが多いと述べたが、ふたつの母音を保持し、真ん中の m だけに変化が起こっている語もある。沖永良部島や伊江島では「うみ」umi の m が n へ変化し「うに」uni となっている。このふたつの地域は地理的には離れているが同じ変化が起こっているようである。

　「うみ」とは語源が異なる語もみられる。八重山では「とぅもーり」「とぅもーる」「とぅもーら」という語があり、これも「海」という意味で使われる。「泊」が語源と言われている。これ以外に「っすな」や「すなか」という表現もある。前者は西表島西地区で使われ、後者は鳩間島で使われている。これらは「磯中」に由来すると言われている。以上ここで紹介した語彙をまとめると以下のようになる。

| | |
|---|---|
| う m／うん | 奄美大島、徳之島、与論島 |
| うに | 沖永良部、伊江島 |
| m み | 粟国 |
| い m／いん | 宮古島、多良間島 |
| いん／いんなー | 竹富島 |
| いん／んなが | 与那国 |

| | |
|---|---|
| いなが | 石垣島 |
| とぅもーり | 八重山諸島 |
| とぅもーる | 八重山諸島 |
| とぅもーら | 八重山諸島 |
| っすな | 西表島西地区 |
| すなか | 鳩間島 |

## ┃「朝食」と「昼食」

　那覇のことばで「朝食」を「ひてぃみてぃむん」といい、「昼食」を「あさばん」という。「ひてぃみてぃむん」は「ひてぃみてぃ」【朝】に「むん」【物】が付いた複合語で、この構造は多くの琉球諸語やその諸方言でみられる。下にいくつか例を挙げる。みてみると、「ひてぃみてぃ」【朝】と同源の語だと思えないほど発音が異なるものもあり、一度聞いただけでは同じ意味をもつ語だとは気がつかないかもしれない。

| | |
|---|---|
| ふぃてぃみてぃむん | うるま市石川 |
| ひてぃみてぃむん | 国頭村安波、大宜味村田嘉里 |
| すとぅみてぃむん | 首里 |
| してぃみてぃむん | 久米島儀間 |
| すとぅむてぃむぬ | 多良間 |
| しとぅーてぃうぬ | 竹富島 |
| っとぅむてぃぬむぬ | 与那国 |

また、伊江島では「すぃかまむん」という。上に挙げた語と語構造は同じではあるが、「朝」にあたる部分が異なる。伊江島のことばでは「朝」を「すぃかま」sikamaという。語頭は「し」shiではなく「すぃ」siである。日本語にない音声なので注意して発音する必要がある。これまで紹介した語のかたちとかなり異なるのが徳之島のniisaruだ。この語の第1音節の母音も発音が容易ではない。この母音は「い」と「う」の中間のような音声で、カナで表記することも難しい。ここでは「にーさる」と表記しておこう。また、与論のことばでは「めーしび」【朝食】という。ちなみに与論のことばで「朝」は「しかま」といい、「毎朝」は「しかましかま」という。

さらに興味深いのは、奄美大島や沖縄本島南部の奥武島では「朝食」を「あさばん」という。先に述べたように、沖縄本島中南部では主に「あさばん」は「昼食」を指す。他の地域では「昼食」を何というのかみてみよう。

「あさばん」に発音が近いものに「あし」や「あっしー」などがある。このような使い方は沖縄本島北部、さらに北の与論島や徳之島のことばにみられる。


あし　　　　徳之島
あっしー　　与論島、大宜見村田嘉里
あしー　　　国頭村安波


伊江島でも類似形の「あすぃ」asiが使われているが、東地区

と西地区では意味が異なる。東地区で「あすぃ」は「昼食」を意味し、一方西地区では「朝食」という意味である。言語の変遷過程で語の意味が変わっていくのは珍しくないが、同じ島内でもこのように違うのは面白い。上で紹介した伊江島の「すぃかまむん」【朝食】は、実は東地区で使われている表現で、西地区では「あすぃ」が使われている。

では、西地区で「昼食」はどういうのだろうか、と気になるところであるが、「てぃるまんち」【昼食】という。伊江島のことばで「昼」を「てぃる」、「昼間」を「てぃるま」という。伊江島のように「昼食」という語に「昼」または「昼間」という語を使っている地域は他にもある。

| 地域 | 「昼／昼間」を表す語 | 「昼食」を表す語 |
| --- | --- | --- |
| 奄美大島 | ひんま | ひんまばん |
| 多良間島 | piru | pisil |
| 竹富島 | ぴろー | ぴろーぬ |
| 与那国島 | つー／つま | つまどぅぎ |

このように多様な表現が使われていると、それぞれの島のことばだけを使っての意思疎通は難しいことだろう。

ちなみに、これらのことばでは「昼寝」という場合も「昼」を意味する語を使い、piini（多良間）、ぴろーにんび（竹富）、つまにんでぃ（与那国）などという。与論島では「昼食」を「あっしー」ということがわかったが、「昼寝」の表現の仕方も他のことばと

異なる。与論では「みーぴしぎ」といい、ここでも「ぴゅー／ぴゅーま」【昼／昼間】は使われない。

## ┃「顔」は多様だ

琉球諸語で「顔」を意味する語彙も様々ある。語源が同じ語でも聞いただけでは同源語だとは気がつかないものも多い。はじめに沖縄本島を北から南へみていこう。

本島北部には豊かな自然がある。その中を進んで行くと、最北地近くに奥という集落がある。名前通りの集落だ。そこでは「顔」を「ちや」という。そこから南へ行き、国頭村辺野喜では「てぃら」、さらに南へ行くと「っつぁー」。これは本部沖に見える伊江島のことばだ。次は東海岸を南へ下り、名護市久志で「とぅらー」、金武で「すら」、さらに南のうるま市の宮城島で「しら」と続き、本島中南部では主に「ちら」が使われている。ここでみてきた語は日本語の「面」と関係がある語だ。

次に、沖縄本島の北方にある島々の例をみてみよう。まず奄美大島古仁屋では「っていら」といい、東方向に浮かぶ喜界島では「っとぅら」という。与論島では主に「ちら」や「みーぱな」が使われている。「みーぱな」は「目鼻」が語源だ。このように複数の語が同じ意味をもつが、使い方に違いがみられるのがふつうだ。例えば、与論のことばで「ちら ぬ ほー ぱぎゅん」【恥をかかせてやる】という表現がある。「ぬ」は「の」、「ほー」は「皮」、「ぱぎゅん」は「剝ぐ」という意味だ。ここで使われている「ちら」を「みーぱな」と置き換えて「みーぱな ぬ ほー ぱ

ぎゅん」ということはしない。

　次は沖縄本島の南西にある島々をみてみよう。まずは沖縄本島よりも台湾に近い与那国だ。与那国のことばで「顔」は「ちら」または「うむてぃ」といい、使われ方に特徴がある。「ちら」が使われている表現に「ちらあびゃん」【美人】や「ちらどぅわーみ」【不機嫌な顔】などがある。「あびゃん」は「美しい」の意で、「どぅわーみ」dwaami は「歪む」という意味である。比較として沖縄語の例を挙げると、「美人」を「ちゅらかーぎ」といい、「ちゅら」【美しい】と「かーぎ」【容姿】から成る複合語を使う。これは形容詞と名詞の組み合わせだ。しかし、与那国の「ちらあびゃん」は名詞と形容詞の順に並んでおり、直訳すると「顔美しい」となる。もう一方の「ちらどぅわーみ」も主語—述語のような構造になっており、こちらも直訳すると「顔歪む」になるだろう。

　石垣島でも複数の語が使われている。一般には tira や「うむてぃ」が使われており、後者が丁寧な表現である。これ以外に「みーはな」【顔／顔立ち】もある。これは与論島で使われている「みーぱな」と語源が同じだ。さらに、「みーふつぅ」miihutsi という語もあり、直訳すると「目口」で「みーはな」と同じ意味をもつ。ちなみに、「美人」は「とぅら」や「うむてぃ」などの語は使わず、apparipitu という。これは「あっぱりしゃーん」【美しい】と pitu【人】からなる語だ。

　宮古諸島では他の地域とは異なり、もっぱら「みぱな」が使われる。「ちら」が使われる時もあるが、沖縄語からの借用だと考

えられている。

　琉球諸語にみられる多様性について話を進めてきたが、この多様性を産んだのが言語の変化である。多様性があることからもわかるように、ことばの変化は一様ではない。元を辿れば同じ言語であっても、それぞれの地域で様々に変化した結果がこの多様性というかたちで現れている。なぜ言語は変化するのだろうか。

## ▎言語の変化を感じる

　言語は変化するといっても、日々の生活で言語の変化は感じられるだろうか。実は言語の変化は文字と実際の発音の違いから容易に確認することができる。

　例えば、日本語から例を挙げると、現代の日本語では「を」と「お」には発音のちがいがない。それでも文字がちがうのは、かつて発音が違っていたときの名残である。

　英語でも例をひとつ挙げよう。アメリカ英語とイギリス英語は元は同じ言語ではあるが、発音が異なる場合が多い。双方とも「自動車」は car と綴る。つまり、文字は共通する。しかし、アメリカ英語の発音では語末に r があるのに対し、イギリス英語では語末 r は発音しない。他にも例えば、heart や park などに含まれる r も発音しない。まとまりのない不思議な現象のようにみえるが、消えてしまった r はすべて音節内で母音の後に位置する。この位置にある r は消滅するというのは、イギリス英語の歴史において起こった体系的な変化である。アメリカ英語ではこの変化は起きなかった。

また、高校で習う古文に記述されている語彙や文章を現代の日本語と比べても違いがあることがわかる。かつてのことばと現代のことばが異なるのは、他の言語でも同様である。多くの場合、学習無しでは古文の内容を理解することはかなり難しい。

　若者の語彙や表現について、「若者のことばは乱れている」「昔はそういったが、今はそうはいわない」などという声はいつの時代でも聞かれるが、ここからも言語の変化を確認することができる。大人になると、若者のことばが気になるのは時代が変わっても変わらない。

　では、なぜ言語はこのように変化をするのだろうか。

## ┃ なぜ言語は変化するのか

　「自然言語で変化しない言語はない」と言語学者は言う。「自然」とあるのは、エスペラント（異なる言語の話者の人どうしが、中立公正に学び使えることを目的として1887年に考案された言語）などの人工的につくられた言語と区別するためである。一般に「言語」という場合、自然言語を指す。

　では、変化の原因は何だろう？

　言語に変化を生じさせる要因は大きくふたつに分けられる。ひとつは言語接触など外部の影響による外的要因、もうひとつは言語接触以外が関わる内的要因である。

## ┃ 外的要因とは

　まずは外的要因をみてみよう。言語が接触する時、言語は互い

に影響を及ぼし変化する。影響は言語間の接触の程度によって様々なかたちで現れる。語彙だけに影響がとどまる場合や言語構造に影響が及ぶ場合、さらには影響を受けた言語の方言と間違われるほど影響の程度が大きい場合もある。

　語彙への影響といえば、まず頭に浮かぶのは語の借用である。グローバル化している今日、この現象は多くの言語にみられ珍しくない。日本語にもキャッシュカード、パン、キムチ、ギター、バイバイなど多くの外来語がある。

　沖縄語も多くの言語と接触をしているため、多くの借用語が存在する。語彙をみれば、どのような言語との接触があったのかがみえてくる。

　例えば、沖縄語には士族と平民の語彙があり、前者では「父」を「たーりー」という。この語は中国語の「大人」を借用した語で、士族の間で使われていた。ちなみに、平民では「すー」【父】という。また、那覇方言には「ばたい」【死】という語がある。「ぱたいすん」【死ぬ】などのように使う。この語はタガログ語のpatay【死んでいる／動かない／消された】という語を借用したものであると考えられている。

　語彙の借用には上のように語を単独で借用する場合が多いが、語彙をひとまとめに借用する場合もある。例えば、日本語では数を数える際、「ひとつ、ふたつ、みっつ」と数える場合と、「いち、に、さん」と数える場合がある。前者はもともと日本語にあったものであるが、後者の数詞は中国語から借用したといわれている。数詞をひとつずつ借用したのではなく、「数える方法」を

構造として借用したと考えられている。

　語彙だけではなく文の構造に影響を及ぼす場合も少なくはない。例えば、形容詞が名詞を修飾する際の語順が逆になる、未来をあらわす文の構造の変化、さらには主語・動詞・目的語の語順が変わるなど、文の構造に大きく影響を与える場合もある。

　沖縄語に関しては、言語接触によって多少の変化はあるが、言語の構造が大きく変わったという痕跡は今のところみられないといえるだろう。

## ▌内的要因とは

　外的要因以外に言語の変化をもたらす主な要因のひとつは言語習得だ。

　母語を習得する際、子どもは親など周りが話している言語を聞いて言語を習得する。この言語習得のプロセスにおいて、子が親の言語知識をそっくりそのまま習得するとはかぎらないため、変化が起こるといわれている。つまり、電子媒体でパソコンからパソコンへデータを移すような場合であれば、そっくりそのまま移すことも可能であるが、世代間の言語知識の継承は、電子機器のようにはいかないということである。

　先に紹介した、沖縄語の語頭の「っ」の世代間による有無の違いが例として挙げられる。この音声が次の世代で認識できなくなると、その概念も失われ言語に変化が起こる。

　また、かつては広く使われていた道具が使われなくなり、それを表す語や使い方を表す語彙なども同時に消えてしまうというこ

ともある。

　内的要因についてもうひとつ紹介しよう。言語には母音と子音
がある。沖縄語にもａｉｕｅｏなどの母音やｐｂｔｄｎｍ…など多く
の子音がある。これらの音声を並べてことばを話すわけだが、そ
の際に音声は、前後にある別の音声の影響を受けて変化する場合
がある。

　前章で紹介した硬口蓋化を思い出してみよう。沖縄語では t, k,
d, g などの子音を発音する際に、直前または直後に母音 i や半母
音 y があると、その影響を受けて舌の位置が硬口蓋へ移動し、ch
や j と発音される。これは母音 i や半母音 y が要因で起こった変
化だ。

　ここでは琉球諸語にみられる多様性、そしてその多様性を生み
出す言語変化の要因についてみてきた。次に、琉球諸語に起こっ
た音声の変化や語の意味の変化などに着目し、これらの変化がど
のような多様性をもたらしたか、みていこう。

# ……2 音のちがいと変化……

　琉球諸語にみられる多様性の要因は様々あるが、ここでは音声の変化について紹介しよう。沖縄語を中心に琉球諸語が経てきた音声の変化、そして結果として生じた言語間の違いに焦点をあて進めて行く。どのような変化がどのようなかたちで諸言語に影響を及ぼしたのか、変化の種類及び変化の過程をみていこう。

## ┃母音 i が引き起こす音声変化

　沖縄語で「沖縄」を「うちなー」という。多少の音声の違いはあるものの、「うちなー」と「おきなわ」は同源であることは容易に察することができると思う。

| うちなー | u | chi | naa |
|---|---|---|---|
| おきなわ | o | ki | nawa |

　uchinaa うちなーの u, chi, naa は okinawa おきなわの o, ki, nawa にそれぞれ対応していることがわかる。ここで注目したいのは chi と ki の対応である。これは 1 章でも紹介した、k などの破裂音が ch へと変化する硬口蓋化の現象だ。破裂音の前後に位置する母音 i や半母音 y の影響を受けて舌が硬口蓋へ移動して発音される。母音 i は舌が硬口蓋に近い高い位置で発声されるので、k などの子音はその影響で硬口蓋化されて ch になる。

　k 以外に t, d, g などの子音も硬口蓋化する。無声音の k と t の

場合は ch となるが、有声音の d や g などは j へと変わる。例えば那覇方言では「ひだり」hidari を「ひじゃい」hijai というように d が j へ変わっている。

　琉球諸語やその方言すべてに硬口蓋化がみられるのではなく、硬口蓋化がみられないことも多い。沖縄語でも那覇やその近辺以外の地域では硬口蓋化が起こらない方言もある。さらに複雑なのは、硬口蓋化がみられる言語や方言であっても、硬口蓋化が起こる語とそうでない語があるのだ。これも琉球諸語の多様性に大きく関わる。奄美大島から与那国島まで 7 箇所の地域で話されている言語や方言の語彙を比べてみよう。

| 島 | 奄美 | 喜界島 | 徳之島 | 沖縄 | 宮古 | 八重山 | 与那国 |
|---|---|---|---|---|---|---|---|
| 方言 | 名瀬 | 志戸桶 | 亀津 | 那覇 | 池間 | 竹富 | 祖納 |
| 板 | ita | ita | icha | ita | icha | ita | ita |
| 息 | iki | iki | iki | ichi | itsɨ | iki〜ishi | iti |
| 左 | hijari | pidai | sɨjai | hijai | hidai | pidee〜hidee | ndai |
| 右 | nigiri | migi | nigiri | nijiri | ntsɨ | miiri | niidi |

　「板」「息」「左」「右」にはそれぞれ t, k, d, g が含まれており、これらの子音は硬口蓋化が起こる環境下にある。

　まず気がつくのは、喜界島の志戸桶方言、八重山の竹富方言、与那国島の祖納方言には硬口蓋化がみられないことである。名瀬では d が j へと変化しているが、t, k, g に変化はない。亀津では t と d は ch と j へと硬口蓋化し、k と g は影響を受けてない。那覇

では ita「板」の t 以外は母音 i の影響を受けて、硬口蓋化している。池間では icha「板」だけに硬口蓋化がみられる。k と g は ts へと変化し、硬口蓋化とは異なる現象がみられる。

　ここでは 4 つの語彙を挙げて説明したが、多くの語彙を比較すると硬口蓋化の複雑な現象がみえてくる。例えば、那覇方言の「板」ita の t には硬口蓋化が起こっていないが、「下」shicha や「額」hichee など t が硬口蓋化している例はある。

　また、「手」tii や「天＝空」tin のように母音の変化によって、日本語の e を ii や i で発音する語彙には、硬口蓋化はみられない。k についても同様に、「木」kii や「気」chii のように硬口蓋化が起こるものと、起こらないものがある。

　そもそも硬口蓋化という現象は琉球諸語だけにみられるものでなく、多くの言語にみられる。例えば、日本語では、t と母音 i の組み合わせは通常 chi と発音される。なので、タ行は「たちつてと」となり、「たてぃつてと」ではない。

　硬口蓋化は英語にもみられる。Can't you do it? という文の y の直前の t は ch と発音される。この文の発音をカナで表記すると、「キャンチュー　ドゥー　イット」のようになる。Did you〜も同様で「ディジュー〜」と発音される。y と i は硬口蓋部分で発声され、音質もほとんど同じで似たような役割をする。

## 「人」の変化

　沖縄語では「人」を「っちゅ」cchu という。「海んちゅ」【漁師】や「やまとぅんちゅ」【日本本土の人】、「うちなーんちゅ」

【沖縄の人】などという表現を聞いたことがあるのではないだろうか。他の語に続いて「〜の人」とする場合、「っちゅ」cchu の語頭の「っ」は発音せず、「ちゅ」chu となる。沖縄を訪れる観光客を歓迎しようということで、最近メディアで「ウェルカムんちゅ」という表現をよく聞く。名詞に「〜んちゅ」を加えると簡単に新語ができあがるというわけである。

　「っちゅ」の「ち」は硬口蓋化の結果の ch である。しかし、ch の前後には硬口蓋化が起こるための母音 i が存在しない。これでは硬口蓋化を起こした「ち」であるという説明に矛盾する。

　「ち」ch が硬口蓋化を経てこのかたちになったのであれば、かつては硬口蓋化が起こる環境があり、k または t が ch へと変化し、しかしその後その環境は消えてしまったということになる。果たしてそうだったのだろうか。そうだった場合、ch へ変化する前の音声も特定できるはずである。

　このシナリオが正しいかどうかは、琉球諸語の語彙の比較分析が教えてくれる。沖縄語の「っちゅ」cchu を宮古語と八重山語の方言の「人」を意味する語と比較してみる。宮古から池間方言と上地方言、八重山からは竹富方言と石垣方言の例を挙げる。

|  | 池間 | 上地 | 竹富 | 石垣 | 沖縄 |
|---|---|---|---|---|---|
| 【人】 | hitu | pitu | hitu | pitu | cchu |

　沖縄語以外では硬口蓋化は起こっていない。他に気づくことは、宮古方言や八重山方言は 2 音節であるが、沖縄語では 1 音

節である。hitu、pitu、cchu を並列させ比較すると以下のような
対応関係になる。

| 池間・竹富 | h | i | t | u |
|---|---|---|---|---|
| 上地・石垣 | p | ɨ | t | u |
| 沖縄 | | | cch | u |

　沖縄の cchu は、hitu と pitu の2音節目 tu に対応しており、1
音節目に対応する部分がないことがわかる。ここから cchu は以
前は2音節であり、語頭の pi または hi が落ちて現在のかたちに
なったと推測すると、沖縄語の cchu の硬口蓋化は説明できる。
つまり、次のような変遷を経たということになる。

　　hito　＞　　　　hitu　　　＞　hichu　＞　　cchu
　　　　　　　母音 o の u への統合　　硬口蓋化　　1音節目の消失

## 変化の痕跡を示す「っ」

　消えた音は、実はまったく姿を消した訳ではない。「っちゅ」
の語頭にある「っ」は声門破裂音といい、喉で空気の流れを止め
る音で、日本語で「痛っ」という時の語末の「っ」と同じ音であ
る。声門破裂音は「痛っ」のように、語の意味の程度を強調する
働きがあるが、変化の痕跡を示している場合もある。
　変化の痕跡とは、以前存在した音声が変化し別のかたちで残る
ことをいう。これが「っちゅ」の「っ」である。沖縄語で「上」

を「っうぃー」'wii、「うわべ、表面」を「っわーび」'waabi とい
い、これらの語頭の「っ」も、そこに音声の変化があったことを
示しており、古くは頭にもう一音節あったと推測される。「っちゅ」
の失われた音声は上記の cchu と hito の対応から、hi または
pi であることがわかる。ちなみに、沖縄語の「ぬち」【命】は日
本語の「いのち」に対応しており、語頭の音声が跡形もなく消え
た例もある。

　変化をまとめると、母音 i が直後の t を ch に変化させ、hi（ま
たは pi）が消えて、その痕跡「っ」が残ったということだ。


## ▎琉球諸語における h と p

　硬口蓋化が沖縄語の特徴的な音声の変化であることと、声門破
裂音が変化の痕跡であることは理解できたと思う。次に h と p
の音声について触れたい。

　宮古語や八重山語において「人」を意味する語の最初の音が h
であるものや、p であるものが存在することがわかった。ではな
ぜ同じ語源で同じ意味の語なのに、音が異なるのだろうか。

　音質的にも h と p ではかなり違う。h は摩擦音といい、発音す
る際に空気の流れが多少喉で阻害されて「風の音」が聞こえる音
声である。p は破裂音といい、両唇で肺から流れ出る空気を遮
断・解放（破裂）させる音声である。

　ただし、このふたつの子音には無声音であるという共通点があ
る。子音には有声音と無声音がある。その違いは発声の際に喉の
声帯という部分が振動しているか、していないかである。この違

いはz音とs音を発音してみるとわかりやすい。喉に手をあてながらzzz...と発音し、次にsss...と発音してみる。z音の場合は振動が感じられ、s音の場合は振動が感じられない。振動があるz音は有声音、振動のないs音は無声音という。もし、どちらの場合も振動が感じられたら、zuやsuと発音している可能性が高い。一般に母音は有声音で、zu、suと発音すると、母音の部分が振動を起こすので、z音とs音だけの発音を心がけてみよう。h音とp音は発音される際に喉の振動がないので、両子音ともs音と同様、無声音である。

　話を元に戻してあらためて考えてみると、やはり「人」という語彙の語頭にあるh音とp音の関係が気になってくる。hとp以外は共通しているので、hがpへと変化したのだろうか。または、別の音がhとpへ変化したのだろうか。想像しても答えが出ないように思えるが、実は、これまでの研究でh、つまり現在のハ行子音は以前はpであったということが明らかになっている。これは古い文献でも確認ができる。

　過去において琉球を訪れた外国の人々は当時の琉球で話されていたことばを自分の言語で記録を残した。その記録に現在のハ行子音を含む語彙や表現はp音で表記されている。

　例えば、現在では「はな」と発音される語が、古い記録では「ぱな」と表記されている。これ以外にも古い資料の年代別の比較からp音はh音へ移行する前にf音（摩擦音）のような音声であったこともわかっている。つまり、p＞f＞hのような変化があったということになる。pからhへの変化は軟音化といわれる現

象のひとつで、破裂音から摩擦音への変化である。軟音化は世界中の多くの言語にみられる。

　h音は以前p音であったという証拠のもうひとつとして、現代沖縄語のhが古いかたちへ「逆もどり」する興味深い現象があるので紹介しよう。

　多くの言語でみられる方法だが、単語を並べて別の意味の語（複合語）を作る方法がある。沖縄語の複合語もこのような構造をしている。複合語を作る際、無声子音で始まる語を2番目に置くと、その無声子音が母音に挟まれることになる。その母音に挟まれた子音は有声化する傾向にある。有声化というと難しく聞こえるが、簡単に言えばpがbに、tがdに、kがgなどへ変化することである。例えば、沖縄に豚の耳で作る料理にmimigaa【みみがー】というものがある。これはmimi【耳】とkaa【皮】の複合語である。後者の語頭の無声子音kは、mimiの最後のiとkaaのaという母音に挟まれるためgと有声音へ変化する。

　　mimi【耳】　＋　kaa【皮】　→　mimigaa【みみがー】

　この法則を念頭に置いて、沖縄語の那覇方言で「群星」を表すburibushiぶりぶしをみてみよう。これはburi【群れ】とhushi【星】を並べて作られた複合語である。ふたつ目の語頭の無声子音hは母音間に位置するため有声化しbとなっている。

　　buri【群れ】　＋　hushi【星】　→　buribushi【群星】

しかし、hの有声音はbではない。hは摩擦音、bは破裂音なので、単なる有声・無声の違いではなく音声的にかなり異なる。ではなぜhが母音間にあると、bが現れるのだろうか。

　その理由はhの「過去」に関わりがある。つまり、hは以前pであったという事実が関係しているのだ。古い沖縄語で「星」はpushiであった。無声子音pは有声化するとbとなる。現代沖縄語に現れるburibushiの中央にあるbは古いp音が有声化したと考えられる。

　沖縄語のハ行の子音hは以前pであったことはわかった。しかし、沖縄本島やその近辺で話されている沖縄語のすべての方言がそうであるとはかぎらない。沖縄本島北部地域では「星」をpushiやpushiiなどといい、古いp音が変化せずに残っている。沖縄の地域のことばを聞く機会があれば、この地域のハ行子音はhなのかpなのかと自分なりに分析してみると楽しいと思う。

## ┃カ行子音の多様性

　p音の変化のほかに、琉球諸語ではk音もhとなる（軟音化）例がある。沖縄本島の中南部で「風」をkaji「かじ」というが、北部では多くの地域でhaji「はじ」やhajii「はじー」などという。あるいは宮古や八重山の多くの地域でもkajiやkadi「かでぃ」などとkを保持しているが、西表島近隣の黒島のことばではhajiという。ちなみに黒島方言では「皮」「かたち」「夜中」「仲」をhaa「はー」、hatachi「はたち」、yunaha「ゆなは」、naha「なは」という。いずれもkがhになっている。

さらに、琉球諸語の k、つまりカ行子音は h だけでなく、様々なかたちで現れる。例えば、「来る」を表す語を比べてみよう。

|  | 那覇 | 辺土名 | 田嘉里 | 金武 | 辺野古 | 津波 |
|---|---|---|---|---|---|---|
| 【来る】 | chuun | huin | kun | sun | kin | kyun |

　沖縄本島だけでもカ行ウ段は chuu、hu、ku、su、ki、kyu などと様々なかたちで現れることがわかる。

　宮古諸島でも k 音は多様なかたちで現れる。例えば、大浦方言では、「草」「口」「腐る」は fusa、futsi、fusari といい、カ行ウ段は fu へと変化している。また、f 音が重なり ffu【黒】、ffaaffa【暗い】と現れる語もみられる。

　ほかに宮古諸島でカ行イ段の子音が ts へと変化している伊良部方言の例と、八重山諸島の竹富島のカ行イ段の語頭子音が sh へと変化している例をみてみよう。

|  | 【昨日】 | 【着物】 | 【切る】 |
|---|---|---|---|
| 伊良部 | tsinuu | tsin | tsii |
| 竹富島 | shinu | shin | sshun |

　与那国語のカ行にも他にはみられない変化の特徴がある。語頭の ki や ku が落ちて消えてしまうのだ。例えば、「聞く」や「昨日」は ki に対応する音節が落ち、それぞれ k'un、nnnu である。また、「草」「口」「薬」などは ku に対応する音声が消え、ts'aa、

t'i、ts'uuri というかたちになっている。語中の ki は消えずに残る
が、iti【息】、sati【尖】、tuti【時】にみられるように ti と変化し
て現れる。さらに、ki 以外の語中の k、つまり i 以外の母音の直
前では有声化し、g となる特徴がある。

agui　　【あくび】　　kuguru【心】
hadaga【裸】　　　　ugi　　【桶】

ugi【桶】は母音 i を含むのでおかしいと思うかもしれない。
しかし、もともと oke と e であったため、ti には変化せず、gi へ
と変化したと考えられる。与那国のことばの母音は基本的に i, u,
a の３つで、もともと存在した e と o のふたつの母音は、それぞ
れ i と u へ統合した。そのため、もともとの ke や ko にも k>g
の変化がみられる。

さらに興味深いのは、直前の音声が tsu「つ」、hu「ふ」、ki
「き」の場合には k は有声音化せず k' へと変化し、直前の tsu、
hu、ki は落ちてしまう。k' は喉頭化された k を表す。喉を詰ま
らせて発せられる k 音で、「っ」の項で紹介したような音を伴う。

k'urun　【作る】　　　＜　tsu-kurun
k'uru　　【袋】　　　　＜　hu-kuru
k'arirun【聞こえる】　＜　ki-karirun

## 鼻音の特徴

　鼻音も言語間や方言間で多種多様なかたちで現れる。沖縄語には「んーな」nnna【皆】などのように長い「んー」nn があることはすでに紹介した。これは宮古諸島でも同様で、大浦方言でも nnna【皆】という。沖縄語と異なるのは、宮古語には鼻音だけから成る mm【芋】という語があることだ。m をふたつ並べて表記しているが、m 音はひとつで、長い m という意味で m をふたつならべて表記している。m は両唇を閉じ、肺から上がってくる気流を鼻から外へ出すと作られる音である。mm【芋】を発音する際は口を少し長めに閉じているとよい。この単語をカナでどう表記するか、非常に難しい。m 音なので、マ行音で表記するものだと考えがちだが、「ま」「み」「む」「め」「も」の中で、どれが mm に近いだろうか？　どれも母音を含むので、mm にはほど遠い。やはり、宮古語の「芋」は mm と表記するしかない。

　「芋」もそうだが、m で終わる語が宮古語には多くある。例えば、沖縄語では「鏡」「海」「波」をそれぞれ kagan、umi、nami などというが、多良間島では kagam、im、nam という。沖縄語の kagan、umi、nami は「かがん」「うみ」「なみ」とカナで表記し、発音することができるが、多良間方言の kagam、im、nam は「かが…」「い…」「な…」と語末の m の部分で筆が止まる。語末の m はどうしても m と書かざるを得なく、「かが m」「い m」「な m」となってしまう。しかし、これをそのまま発音するとその単語に聞こえる。

　また、多良間方言ではマ行子音 m が単独で語頭にも現れる。

mmna【皆】、mta【土】、mnii【濡れる】、mmku【膿】mm【膿を
もつ／化膿する】などだ。この語頭の m 音は沖縄語などの「ん」
とは違い、m 音が独立している点が特徴的で、他の多くの琉球
諸語方言とは異なる。

　どういう違いがあるのか、那覇方言の語頭の「ん」と比較して
みよう（以下に「っん」で始まる語も含めるが、比較の支障にはならない
ことを付け加えておく）。これらの「ん」は、日本語の「ん」を発音
する要領で発音するとよい。実際に発音をして比べてみよう。

| 【味噌】 | 【重い】 | 【昔】 |
|---|---|---|
| んーす | っんぶさん | んかし |
| nnsu | 'mbusan | ŋkashi |

　3つの「ん」の発音の違いを感じとれただろうか。具体的には
発音する際の舌の位置や唇の使い方が違う。「んーす」の「んー」
は日本語の「因数」insuu の「ん」とほとんど同じ n で、舌の前
方が上歯茎の位置にある。「っんぶさん」の「ん」は日本語の
「昆布」kombu の「ん」m と同じように両唇を閉じて m と発音す
る。「んかし」の「ん」は日本語の「喧嘩」keŋka の「ん」ŋ と同
じ鼻音で、発音の際に舌が口腔の後ろ側にあり、口も軽く開く。
言語学ではこの音を ŋ という記号を使って表す。

　「ん」がこのように様々な音声で現れる理由は直後の子音の種
類に起因する。「ん」は直後の子音に同化するため、直後の子音
が s であれば n となり、b であれば m となり、k であれば ŋ と発

音するというわけである。この現象は話者が意識をして起こすのではなく、無意識に起こるごく自然な現象で、多くの言語にみられる。つまり、話者は無意識に発音のしやすい方法で発音しているわけである。

　例えば、「いんすう」insuu の「ん」を m に入れ替えてみるとかなり発音しづらく感じないだろうか。m は両唇を使って作られる音で、その直後に唇を使わないで舌を使って発音する s の音を発音することになり、意識して同化させないようにする必要がある。しかし、「昆布」kombu の「ん」のように、m の直後に両唇を使って発音する b が続くと「いｍすう」を発音する際の違和感はない。話者は無意識に「ん」を後接する子音に同化させる。「ん」の同化は発音が容易になるための現象ということだ。

　一方、多良間方言の語頭の m には同化がみられない。常に m と発音されることから、那覇方言の「ん」と多良間の語頭の m は異なることがわかる。これは多良間方言の語頭の m や mm を「ん」や「んー」と表記できないことを意味する。語末の m と同様、語頭の m や mm もカナで表記することは難しい。

　カメレオンのように環境に同化する「ん」、環境に同化せず独立を保つ m、さらに mm【芋】など鼻音だけで成る語など、琉球諸語の多様性を垣間見ることができる。また、カナで表記が難しい音声などは、日本語を母語とする次世代へどう継承されていくのだろうか。とても興味深い。

## ……3 語の意味や使い方のちがいと変化……

　ここでは琉球諸語における語の意味のちがいや使い方のちがいに焦点をあて、地域によってみられる様々な、しかも独特の表現を紹介しよう。

### 「来る」と「来ない」

　沖縄語の那覇方言と国頭村安波方言で「ここに来い」をどういうか比べてみよう。

那覇方言　　　　　くま んかい くーわ
国頭村安波方言　　まーち ふば／まーんがてぃ ふば

　那覇方言で「くま」は「ここ」、「んかい」は「〜に」、「くーわ」は「来い」という意味である。同じ文を国頭村安波では「まーち ふば」または「まーんがてぃ ふば」という。「まーち」と「まーんがてぃ」は「ここへ」、「ふば」は「来い」という意味である。ほかに「来なさい」または「来い」を「くー」「くーわ」「くーば」「こー」「けー」「ふぁー」「ふば」「ほー」などという。同じ沖縄語でも地域によってこのように語のかたちは様々である。
　沖縄本島以外ではどうだろうか。宮古諸島や八重山諸島では主に「くー」【来い】が使われている。文のかたちで例を挙げると、多良間島では「くまんけー くー」【こっちへ来なさい】、竹富島では「はいさ くー」【早く来なさい】などという。

地域のことばで「来い」という命令形は多様なかたちで現れることがわかったが、この動詞の終止形（辞書などに掲載される際の基本のかたち）「来る」のかたちはどうだろうか。

　沖縄本島を北から南へ下りながらみてみよう。国頭村辺土名では「ふいん」、大宜味村津波では「きゅん」、今帰仁村与那嶺や本部町備瀬などでは「すん」、同じ本部町でも崎本部や瀬底では「くーん」という。本部半島沖に浮かぶ伊江島では「ちゅん」といい、名護市城では崎本部や瀬底と同じように「くーん」という。名護市の南側にある恩納村恩納では「くん」だが、同じ恩納村でも、恩納村長浜では語頭のkに硬口蓋化が起こり「ちゅーん」という。さらに南へ行き、宜野湾市大山では本部町や名護市のように「くーん」という。那覇では伊江島や恩納村長浜と同じ「ちゅーん」、さらに南へ行くと、具志頭（現在の八重瀬町）の玻名城では「ちょーん」といい、糸満市糸満では北部地域にみられた「くーん」が使われている。また、同じ糸満市でも糸満市新垣では「きーん」という。

　これらをまとめてみてみると「ふいん」「きゅん」「すん」「くーん」「くん」「ちゅーん」「ちょーん」「きーん」となる。終止形の「来る」も多様なかたちがあることがわかる。興味深いのは、同じかたちが必ずしも同じ地域に集中してみられるわけではないということだ。

　この動詞はさらに興味深い特徴がある。否定形「来ない」をみてみよう。やはり、否定形も語形は様々ある。

|  | 【来る】 | 【来ない】 |
|---|---|---|
| 国頭村辺土名 | ふぃん | ふらん |
| 大宜味村津波 | きゅん | ほん |
| 今帰仁村与那嶺 | すん | ふーぬ |
| 本部町崎本部 | くーん | かーん |
| 伊江島 | ちゅん | ふん |
| 名護市城 | くーん | かーん |
| 恩納村恩納 | くん | くーん |
| 宜野湾大山 | くーん | くーらん |
| 那覇 | ちゅーん | くーん |
| 具志頭玻名城 | ちょーん | こーん |
| 糸満市新垣 | きーん | くーん |
| 糸満市糸満 | くーん | くーん |

　終止形と否定形の語形を比べてみると、様々なかたちがあるだけではなく、ある方言の終止形が他の方言では否定形として使われていたり、また終止形と否定形がまったく同じ語形である方言もあることがわかる。「会話をする時混乱しないの？」と思うかもしれないが、文脈で意味が区別できるので混乱はない。

　しかし、こういう話も聞く。ある那覇方言話者が糸満のバス停でバスを待っている時のこと。ある人がバスがやって来るのを見て「バス　くーん」と言った。それを聞いた那覇の人は「向かって来るバスを見て、なぜバスが来ないと言うのだろう？」と不思議に思った、という話だ。この状況を滑稽に描写してことばの多

様性を教えてくれる方々がいるのは面白い。

　終止形と否定形ではないが、動詞の活用形がまったく同じという例が那覇方言にもあるので紹介しよう。那覇では「した」と「しない」をともに「さん」といい、「しぐとぅ　<u>さん</u>」【仕事をした】、「しぐとぅ　<u>さん</u>　たん」【仕事をしなかった】などのように使う。ちなみに、現在形の「仕事をする」は「しぐとぅ　すん」と言い、「すん」【する】が終止形である。

　ここまで「来る」という動詞の多様なかたちについてみてきたが、この動詞には使い方の面でも独特な特徴がある。

　友達と電話で話をしているとしよう。友達のところへ行くことになった場合、沖縄語では「なまから　いったー　んかい　ちゅーさ」【いま君のところへ行くよ】などという。それぞれの語の意味は「なまから」【いまから】、「いったー」【君の】、「んかい」【〜へ】、「ちゅーさ」【<u>来る</u>よ】である。「ちゅーさ」は「ちゅーん」【来る】に「さ」【よ】を加えたかたちである。つまり、自分が相手のいる場所へ移動する場合、日本語では「行く」を使うが、沖縄語では「いちゅん」【行く】ではなく「ちゅーん」【来る】を使うのだ。この動詞の使い方はよく英語の come と比較される。英語でも自分が相手のいる場所へ行く場合、I'm coming to your place.【君のところへ行く】などといい、go【行く】は使わず come【来る】という動詞を使う。さらに、この独特な使い方は日本語を話す時にも影響を及ぼし、沖縄では日本語でも「いまからそっちへ<u>来る</u>よ」【いまからそっちへ行くよ】などという。

## 「ことば」を意味する語

　沖縄県には「しまくとぅばの日」という特別な日がある。「地域のことばの日」という意味で、地域のことばを次世代へ継承していく目的で 2006 年に制定されて以来、この日には毎年多くの地域でしまくとぅば普及のため様々なイベントが開催されている。9 月 18 日がその特別な日であり、それは語呂合わせで 918 を「くとぅば」と読むことができるからである。9 は「く」と読むのは日本語と同じ、10 はしまくとぅばで「とぅー」というので、18 は「とぅば」となる。

　しまくとぅば自体を指すことばも、地域によって呼び方が様々である。まずはじめに、「ことば」や「方言」を意味する語にはどのようなものがあるかみてみよう。琉球諸語で主に使われるものに「くち」「くとぅば」「むに」「ゆん」などがある。

　「くち」は「口」から派生し、「ことば」という意味でも使われる。日本語にも「悪口」などという表現があり、琉球諸語でも同様な使い方をするが、さらに地域のことばという意味でも使われる。「うちなーぐち」はよく耳にする表現だ。

　沖縄本島本部沖にある伊江島では地元のことばを「しまぐち」といい、那覇や首里のことばを「なっぱぐち」、「しゅいぐち」などという。沖縄本島から南へ約 280 キロ離れた宮古諸島では、地元のことばを「すまふつ」といい、多良間では「たらまふつ」などという。「ふつ」は宮古のことばで「口／ことば」という意味である。「ふつ」は「口」と同源の語で、kuchi の語頭の k が f へと変化する軟音化が起こっている。この「ふ」の音は、日本語

や沖縄語の「ふ」hu に含まれる h とは異なり、英語の f に近い。

「くとぅば」は「ことば」と同源であることは容易に察することができるだろう。琉球諸語では短母音の o は u へと変化したため、kotoba は kutuba と発音する。那覇方言では首里のことばを「すいくとぅば」という。また、国頭村安波では地元のことばを「あはふとぅば」といい、沖縄本島から北へ約 23 キロ離れた与論島では地元のことばを「しまふとぅば」という。このふたつの地域でも、破裂音 k が h へ変化する軟音化が起こり、「ふとぅば」hutuba と発音する。

「むに」「むにー」「むぬい」も「ことば」や「方言」を意味する語としてよく耳にする。これらは「物言い」から派生した語である。地元のことばを石垣地域では「しまむに」、与那国では「どぅなんむぬい」という。「どぅなん」とは与那国という意味である。那覇方言には首里の人の話し方を指して「すいむにー」【首里風なことばづかい】という表現もある。

与論では地元のことばを「しまふとぅば」というほかに、「ゆんぬゆん」【与論のことば】という表現もあり、「〜ゆん」【〜方言／ことば】を地名につけてその地域のことばを表す場合もある。例えば、「あがさゆん」【茶花地域のことば】、「ふさとぅゆん」【朝戸、城、立長、叶、那間地域のことば】などという。「ゆん」は「読み」から派生した語で「ことば」という意味もある。

与論島からさらに北にある奄美大島では、地元のことばを「しまゆむた」といい、「ゆむた」【ことば】を地域名に加えて「〜の

ことば」と使う。しかし、日本本土のことばは「やまとぐち」と「くち」を使い、この表現に対比するかたちで地元のことばを「しまくち」と呼ぶ。

さて、「ことば」を意味する「くち」「くとぅば」「むに」「ゆん」などの語が、「しまくとぅば」という表現以外にどのように使われているかみてみる。まずは、琉球諸語で「ひとりごと」はどう表現されているかみてみよう。「ひとりごと」は日本語が「ひとり」＋「こと（ば）」の複合語であるのと同様、琉球諸語でもふたつの部分からなる複合語で、「ひとりで話す」「ひとりで物を言う」などという語構造に対応する。

例えば、国頭村安波で「るーち　むねー」、大宜味村田嘉里で「どぅーつい　むにー」、伊江島で「どぅんちゅい　むに」、那覇で「るーちゅい　むぬいー」、首里や西原町で「どぅーちゅい　むにー」という。「自分ひとり」という意味の語に、「物言い」から派生した「むぬいー」や「むに」などの語を加え、「ひとりごと」という表現を作っている。

これらの複合語の「自分ひとり」にあたる部分の「るーち」「どぅーつい」「どぅんちゅい」「るーちゅい」「どぅーちゅい」は同源の語であるが、「る」で始まるものと「どぅ」のものがある。これはdがrへ変化したためこのようになっている。

例えば、那覇方言では「友達」を「るし」といい、首里方言では「どぅし」という。d＞rはよく起こる音声の変化で、琉球諸語だけの現象ではなく、多くの言語にみられる。

この複合語の構造は宮古、石垣、与那国でも同様で、宮古島の

100

西原で「たうきゃー　むぬい」、石垣島で「たんがー　むに」、竹富島で「たんちゃー　むに」、与那国島で「とぅい　むぬい」といい、同源の「むぬい」や「むに」が使われている。

　一方、与論島では上で紹介した地域とは異なり「ゆん」を使い、「どぅっちゅい　ゆん」という。実は西原町でも「どぅーちゅい　むにー」以外に、近隣地域では聞かれない「どぅーちゅい　ゆんた」という表現も使われていて興味深い。ちなみに、首里方言や那覇方言では「おしゃべりな人」を「ゆんたー」または「ゆんたくー」という。

　「おしゃべりな人」という表現も地域で様々で、比べてみると面白い。「ひとりごと」の場合と同様に「むに」「ゆん」「くち」などが使われている地域が多い。概観すると、その多くが「口数が多い（者）」や「ことばを話す（者）」などのようなかたちで表現されていることがわかる。

| | |
|---|---|
| 沖永良部島知名 | むにいーむん |
| 伊江島 | むにゆにむん |
| 宮古島平良／池間島 | むぬゆんむぬ |
| 今帰仁 | むぬぽーむん |
| 石垣島 | むにゆみゃー |
| 与論 | むぬゆんしゃ |
| 多良間島 | むぬゆめ |
| 与那国島 | むぬどぅみゃ |

今帰仁方言では「多い」を「ぽーせん」という。石垣島で「ゆみゃー」は「詠む人」の意味である。与那国の表現に含まれる「どぅみゃ」はほかの地域の表現とはかたちがかなり違うように思えるが、実は「どぅむん」【読む／数える】という語と関係があり、その過去形は「どぅみゃん」【読んだ／数えた】となる。与那国のことばには他の琉球諸語にみられない y>d の変化が起こった。o>u という変化も起こっているので、「よ」yo は「どぅ」du と発音され、「読む」を「どぅむん」【読む／数える】と発音するのだ。与那国 yonaguni が「どぅなん」と発音されるのもこの変化があったためである。

　また、石垣島の方言には上に挙げた表現以外に、「おしゃべりな人」を「ふちゅ ぶったー」ともいう。直訳すると「口だらけ」となる。「ふちゅ」は「口」、「ぶったー」は「〜だらけ」を意味し、多すぎるさまを表す際に使われる。

　石垣の方言と同様「口」を使う表現が与論のことばにもみられる。石垣では「口だらけ」＝「おしゃべり」であったが、与論では「くちばぷ」という。ちなみに、与論のことばに「箱」を意味する「ぱぷ」という語がある。

　一方、「むに」「ゆん」「くち」などが使われていない表現もみられる。

伊良部島長浜　　ぶるみちゅ

石垣島　　　　　かくじゃー／べーば

与那国島　　　　はさんばぐ／んばっつぁ

102

興味深いのは、与那国では「裁縫箱」も「はさんばぐ」という
ことだ。与那国では「ハサミ」を「はさん」、「箱」を「はぐ」と
いう。こういう例は、発音の類似や構成している語の意味からだ
けでは由来を理解するのは難しく、文化背景も考慮にいれて語源
を探る必要があるだろう。

　文化背景と語源に関わる話をもうひとつ紹介しよう。沖縄の海
でよくハリセンボンを見かける。沖縄語でハリセンボンは「あば
さー」や「あばし」などという。沖縄では比較的よく食べられて
いる魚のひとつで、「あばさー」といえば「あばさー汁」という
くらい庶民的な魚である。

　ことばの話に戻ろう。那覇方言に「ゆんたーあばさー」という
表現があるが、これは「ゆんたー」【おしゃべり】と「あばさー」
【ハリセンボン】から成る複合語で、「おしゃべり女」という意味
である。首里方言では「おてんば／おしゃべりな女」を「あば
し」または「あばしゃー」という。

　沖縄語以外でも、例えば竹富島のことばに「あばさー」、多良
間のことばに「あばしゃ」という語があり、どちらも「おしゃべ
り」を意味する。しかし、このふたつの語がもつ意味には違いが
ある。多良間の「あばしゃ」には「ハリセンボン」という意味も
ある。しかし、竹富島では、「ハリセンボン」のことは「ひとぅ
とぅ」といい、別の語を使うのだ。「ハリセンボン」を表すのに
「ひとぅとぅ」に近いものを探すと、与那国のことばで「ハリセ
ンボン」を「とぅとぅ」と呼ぶ例がある。「おしゃべり」と「あ
ばさー」の結びつきにはどのような文化背景があるのだろうか。

研究テーマにしてはいかが？

## ▎流れ星

　夜空を見上げて星を観察した経験は誰にでもあると思う。街の中にいるとなかなか気がつかないが、街の灯りがとどかない場所へ行くと、空には無数の星が輝き、流れ星もよく見えることに気づく。昔は今のように街の灯りも多くはなく、日が暮れると夜空に輝く星を容易に観察することができたのだろう。「流れ星」は琉球諸語で独特な表現で表されているので紹介しよう。

　「星」は琉球諸語で「ふし」「ぷし」「ふち」などという。これは日本語の「星」と同源の語である。「流れ星」はどうだろう。奄美地域では日本語に近く「ながれぶし」といい、与論でも「ながりぶし」という。「流れる」という表現を使っているという点で日本語とほとんど同じである。同じような言語・方言は他にもあり、例えば、今帰仁では「ながーりぶしー」、伊江島や竹富島では「なーりぶし」、多良間では「ながりぶす」、与那国では「なーりふち」という具合である。発音は多少異なるが、日本語の「流れ星」と同じ構造の複合語である。

　さらに、「星が落下している」というふうに捉えた表現もある。「〜星」という構造とは異なり、「星が〜」または「星の〜」

というかたちになっているのが特徴だ。

　例を挙げると、宮古島城辺の「ぷすぬうてぃー」や与那国の「ふちうてぃ」などがある。前者の場合、「ぷす」は「星」、「ぬ」は「が」または「の」、「うてぃー」は「落ちる」という意味を表す。後者は「ふち」が「星」、「うてぃ（るん）」が「落ちる」という意味である。これらは星の動きを「流れる」や「落下している」と捉えているといえる。

　「流れる」や「落下している」という動詞を使う表現以外に、独特の動詞を星の動きに当てはめた表現が琉球諸語にある。例えば、那覇方言では「流れ星」を「ふしぬ やーうちー」といい、首里でもほとんど同じで「ふしぬ やーうーちー」という。直訳すると、「星の引越し」という意味である。「ふし」は「星」、「ぬ」は「の」、「やー」は「家」、「うちー（ん）」は「移る」という意味である。

　これ以外に「星の夜這い」という表現もある。石垣島では「ゆーばいぶし」や「ぷすぬ ゆーばい」という表現があり、竹富島でも「ふしぬ ゆーばい」という。「夜這い」を使った表現には「〜星」と「星が〜」または「星の〜」というふたつの構造がみられるのも面白い。

　以上をまとめると次のようになる。星を観察する際に使ってみたくなる表現である。


那覇　　ふしぬやーうちー

首里　　ふしぬやーうーちー

| | |
|---|---|
| 奄美 | ながれぶし |
| 与論 | ながりぶし |
| 今帰仁 | ながーりぶしー |
| 伊江島 | なーりぶし |
| 石垣島 | ゆーばいぶし／ぷすぬゆーばい |
| 竹富島 | なーりぶし／ふしぬゆーばい |
| 与那国 | なーりふち／ふちうてぃ |
| 多良間 | ながりぶす |

## ▌虹は蛇かうなぎか

　沖縄の夏は暑い。日差しが強い上湿度も高いので、非常に暑く感じる。時折降る通り雨は、少しの間だが涼しさを感じさせてくれる。涼しさに増していいのが、雨上がりの青空にかかる虹である。ずぶ濡れになってもきれいな虹を見ると気持ちが前向きになるのはなぜだろう。

　琉球諸語の話者たちは虹をどう観察し、どのように捉え、どう呼んでいるのかみてみよう。「虹」は沖縄語で主に「ぬじ」「ぬーじ」「のーじ」「ぬんじ」など呼ばれるが、今帰仁では「てぃんとー」【天／空】を加え「てぃんとーのーじり」という。「てぃんとー」は「天道」からの派生で、「のーじり」は「ノコギリ」の派生語だといわれている。今帰仁のことばで「ノコギリ」は「のーじりー」という。

　今帰仁方言以外にも「てぃん」【天／空】という語が使われているところがある。宮古島の平良で「虹」を「てぃんばう」、伊

良部島の長浜では「てぃんぱゔ」tinpav と呼ぶ。語末の v は日本語にはない上、直後に母音もないので、慣れないと発音が難しい。英語の have[hæv] を発音するように上の歯で下唇を軽く嚙んで発音してみるとよい。

　「てぃんばう」と「てぃんぱゔ」の両方とも「天／空」と「蛇」を組み合わせたかたちで、直訳すると「天蛇」だ。「ばう」と「ぱゔ」pav はそれぞれのことばで「蛇」を意味する。

　池間島でも「てぃん」という語を使い複合語を作るが、それに続く名詞が異なり、「蛇」ではなく「青うなぎ」を使って「てぃんぬあうなじゅ」tinnuaunaji という。「青」は「あう」、「うなぎ」は「うなじゅ」unaji という。「うなじゅ」unaji の語末の母音 i は、i と u の中間のような発音をする。母音の発音も慣れないと少々難しい。

　青うなぎに関連する興味深い例が八重山諸島の竹富島のことばにみられる。竹富島では「虹」を「おーなーじ」と呼ぶが、八重山に生息しているサキシマアオヘビも同じく「おーなーじ」と呼ぶ。竹富のことばで「青」を「おー」というので、「おーなーじ」は「青いなーじ」となるが、「なーじ」は何という意味だろうか？　「なーじ」は、実は池間のことばの「うなじゅ」unaji【うなぎ】と語源が同じで、池間の「あうなじゅ」aunaji も竹富の「おーなーじ」も元をたどれば「青うなぎ」ということだ。ちなみに、現在の竹富島のことばには「うーない」【うなぎ】という語があり、「たーうーない」【田んぼにいるうなぎ】などと使われている。

最後にもうひとつ、与那国島の「虹」を紹介しよう。先に紹介した沖縄本島、宮古や八重山のことばの例とは異なり、与那国では「虹」を「あみぬみゃ」と呼ぶ。直訳すると「雨飲み」だ。与那国のことばで「雨」は「あみ」、「飲む」は「ぬむん」という。

　ひとつの自然現象が様々なかたちで捉えられているのは興味深い。先人の観察力と独特の文化背景が生み出したこのような表現は、地域で実際に使われないと消えてゆく。

# 3章
# 比較から琉球語をさかのぼる

## ⋯⋯1　祖語とは⋯⋯

　沖縄語は琉球諸語の一言語であることは2章で述べた。琉球諸語、つまり沖縄語と同系の言語に奄美語、国頭語、宮古語、八重山語、与那国語があることもわかった。これらの言語は共通の言語から分岐し様々な変化を経て現在のかたちになった。この共通の祖先にあたる言語を祖語という。琉球諸語の祖語は琉球祖語という。一般的に祖語は記録に残っていないため、祖語がどのような言語であったかは確認ができない。先に紹介したロマンス諸言語は例外である。祖語であるラテン語が文献資料に残されていたため、確認ができた。しかし、考古学者が地中から発掘された遺物の断片を解析し元のかたちを復元するように、言語学においてもいま話されている言語の祖語を復元することが可能である。これを「祖語を再建する」という。言語の再建を行う研究分野を比較言語学という。同系である複数の言語の比較により祖語を再建し、同系の諸言語が祖語から分岐後、どのような変化を経て現在のかたちになったのかを明らかにするという学問だ。

祖語の再建といっても、実際は理論的に再建されるもので、あくまでも仮説である。新しい資料の発見や分析結果により再建された祖語に修正や変更を求められることもある。

　祖語の再建は「比較方法」という方法を用いて行う。文字通り、同系統の言語を比べて祖語を再建する方法である。同系統の言語には音の規則的対応関係が存在するため、それに基づいて音の変化してきた過程などを推測できるということだ。

　ちなみに、興味深いことに、琉球祖語の再建を研究テーマとしている主な比較言語学者は海外にいる。


## 規則的な対応関係

　祖語を考えるためには系統が同じ言語を整理する必要がある。対象となる言語の間に母音や子音など音声の規則的対応関係が存在するかどうかが重要となる。「規則的対応関係」という表現は難しく聞こえるかもしれないが、意外と簡単な概念である。沖縄語の那覇方言と国頭語の与論方言を例に説明しよう。

　（1）の語彙を比べてみよう。那覇と与論のことばで「雨」「雲」「目」「手」「首」を表す語が並べられている。比べてみると、那覇も与論もまったく同じ語形であることがわかる。語形が同じであれば、音声の対応関係も規則的である。那覇方言の母音 a, i, u はそれぞれ与論方言の a, i, u に対応し、那覇方言の子音 m, k, t, b も同様に与論方言の m, k, t, b に対応している。

(1) 　　　　　【雨】　　【雲】　　【目】　　【手】　　【首】

　　那覇　　ami　　　kumu　　mii　　　tii　　　kubi

　　与論　　ami　　　kumu　　mii　　　tii　　　kubi


　次に、(2) の語彙をみてみよう。「肩」は那覇では kata、与論では hata、那覇の k は与論の h に対応している。(1) の例では那覇の k は与論の k に規則的に対応しているが、ここでは不規則な対応になっているようにみえる。しかし、よくデータを分析してみると、あることに気づく。

　(1) で例に挙げた kumu【雲】、kubi【首】では、k の直後に u がある。一方で (2) の那覇方言の kata【肩】では k の直後に a がある。直後に a がある場合は、那覇の k は与論の h に対応しているようだ。那覇の ka は与論の ha に対応していると捉えればわかりやすい。他の例をみるとこの対応が規則的だと理解できる。例えば、那覇で「辛い」は karasan というが、与論では harasan、また、「甕」は那覇で kaami、与論で hami という。また、母音 i が直後にある場合でも那覇の k は与論の h に対応する。kii（那覇）、hii（与論）【木】が例だ。この対応も規則的である。音声の規則的な対応関係という場合、対応する音声は必ずしも同音である必要性はないことがわかる。


(2) 　　　　　【肩】　　　【辛い】　　　【甕】　　　【木】

　　那覇　　kata　　　karasan　　　kaami　　　kii

　　与論　　hata　　　harasan　　　hami　　　hii

(3)　　　　　【鼻】　　　【骨】　　　【額】

　　那覇　　hana　　　huni　　　hichee

　　与論　　pana　　　puni　　　picchee

　また、（3）の語彙中で那覇と与論の間にもうひとつ規則的な対応関係がみられる。「鼻」と「骨」そして「額」を意味する語をみてみると、語彙の語頭の子音以外はまったく同じであることに気づく。那覇ではh音だが与論ではp音である。

　那覇方言と与論方言の間にみられる音声の規則的対応関係をまとめると以下のようになる。このような音声の規則的対応関係はこのふたつの言語は同系であるということを示している。

| 那覇 | 与論 |
| --- | --- |
| a | a |
| i | i |
| u | u |
| m | m |

| 那覇 | 与論 | |
| --- | --- | --- |
| k | k | 母音uの直前 |
| k | h | 母音aとiの直前 |
| t | t | |
| b | b | |
| h | p | |

　音声の対応関係を主に示したが、語や文の構造などの特徴も系統を判断する基準に使われる場合があることも付け加えておく。

## ▎規則的にみえる対応関係

　ここで比較の際に気をつけたい例として、那覇方言とフィリピ

ンで話されているタガログ語を比べてみよう。那覇方言にはタガ
ログ語と同形の語がある。那覇方言と与論方言の比較でみたよう
に、同形の語彙があれば、音声の規則的対応があり、同系関係に
あると結論づけられる可能性がある。しかし、那覇方言とタガロ
グ語の間には、同形の語彙があるからといっても、同系を裏付け
る規則的な対応関係が築けない。その理由をみていこう。

　那覇方言には「ぱたい」patai という語がある。「死」という意
味である。「ぱたいすん」【死ぬ】などのように使う。語尾の「す
ん」は「する」という意味である。タガログ語にも patay という
語があり、「死んでいる／動かない／消された」という意味があ
る。名詞と形容詞という違いはあるが、酷似している。また、那
覇方言にもタガログ語にも「パパイヤ」を意味する単語があり、
那覇方言でパパヤー papayaa、タガログ語で papaya という。これ
も語末の母音の長さが異なるだけで、ほとんど同じである。この
ふたつの語を並べてみると以下のようになる。

| 那覇方言 | | タガログ語 | |
|---|---|---|---|
| patai | 【死】 | patay | 【死んでいる／動かない／消された】 |
| papayaa | 【パパイヤ】 | papaya | 【パパイヤ】 |

　このふたつの語を比較し、母音と子音の対応関係をみてみると、
以下のように整理することができる。

那覇方言：タガログ語　　a：a　　i：i　　p：p　　t：t　　y：y

このふたつの言語において、a と i、及び p, t, y の対応関係は規則的であることがわかる。しかし、これに基づき、この言語は同系統であると結論付けることはできない。何故なら、これらの語は借用語であるからである。那覇方言の patai という語はタガログ語から借用した語であるといわれており、papayaa はタガログ語から入ってきたかどうかは不明だが、借用語である。タガログ語の papaya も他の言語からの借用語の可能性が高い。借用語とそのもとになった語の間には規則的対応があるのは自然であり、それらをもとに系統関係は証明できない。実際、那覇方言とタガログ語の基礎語彙を列挙した以下の語を比べてみると、ふたつの言語間に音声の規則的対応はみられず、patai などが特殊な例、つまり借用語であることが推測できる。

|  | 那覇方言 | タガログ語 |  | 那覇方言 | タガログ語 |
|---|---|---|---|---|---|
| 【雨】 | ami | ambon | 【耳】 | mimi | tainga |
| 【雲】 | kumu | ulap | 【手】 | tii | kamai |
| 【風】 | kadʒi | hangin | 【骨】 | huni | buto |
| 【目】 | mii | mata | 【肩】 | kata | balikat |
| 【鼻】 | hana | ilong | 【首】 | kubi | leeg |

　このように、ふたつの言語の間に類似する語がある場合、借用語なのかどうかを見極める必要がある。借用語は言語の接触があるところには必ずといってよいほどみられる。すぐに消えてしまう語や表現もあれば、言語の中核を成す基礎語彙の一部となる語

もある。たとえ類似する語や表現が数十、数百あっても、これらの語や表現が借用されたものであれば、同系統とはいえない。

## ▋借用語に注意

　言語の系統を考える場合、借用語を除いて比較をする必要がある。上で述べたように、借用語と借用をした元の言語の語彙を比べると、いうまでもなくそこには規則的な音声の対応があるからである。借用語と思われる語を比較対象から除く作業をしてはじめて言語の系統を見極めるための作業が始まる。

　どのような語彙を比較する必要があるか。一般的には基礎語彙を用いる。基礎語彙とは言語の根幹をなす語彙で、日常生活に欠かせなく、使われる頻度も高く、言語接触などによって変化しにくい語彙といわれている。

　しかし実際には、まったく影響を受けないわけではない。先に紹介したが、日本語の数詞「いち、に、さん、…」は中国語からの借用語である。借用語によってもともとあった数詞が置き換えられるのではなく、日本語の数詞「ひとつ、ふたつ、みっつ、…」はそのまま維持されている。

　また、接触のあった言語から語彙を借用したため、もともと存在していた単語を失った例もある。例えば、アイヌ語では「骨」を pone または poni というが、これは日本語からの借用語だといわれており、もともとはアイヌ語では別の語をもちいていたと考えられている。

　祖語の再建をする際、まず借用語を除く作業をすると述べたが、

借用語は言語の古いかたちを知る上で重要な役割をもつことがある。過去に言語Aと言語Bが接触をしたとしよう。接触の際に言語Bは言語Aの語を借用する。その借用した語に借用された言語の古い特徴が残されている場合がある。つまり、言語Aの失われた特徴が言語Bの借用語に残されており、そこから言語Aの過去の特徴を知ることができるということだ。上で挙げたアイヌ語の「骨」の例がわかりやすい。現代日本語で「骨」はhoneであり、poneではない。honeとpone、語頭の子音だけが異なる。アイヌ語にはhoで始まる語が存在しないわけではない。hopuni【起き上がる】やhotke【横になる】などの語があるので、honeもそのように認識できるはずである。これは、「骨」を表す語が日本語からアイヌ語へ借用された時、日本語の語形はhoneではなく、poneであり、アイヌ語は借用時のかたちをそのまま保っているのだろうということである。実際、現代日本語のハ行子音は祖語では\*pであったというのが定説である。

## ▍沖縄語の祖語を再建する

　古い沖縄語の姿がどうであったのか、糸満方言、久高島方言、那覇方言、石川方言の語彙を比較して再建してみよう。ここで挙げた4つの方言はそれぞれ糸満市、久高島、那覇市、うるま市石川で話されている。糸満市は沖縄本島の最南端にあり、昔から漁業の盛んなところで、久高島は沖縄本島南部の東沖に浮かぶ通称「神の島」と呼ばれる島、石川は沖縄本島中部に位置し、闘牛の里として知られている。比較対象となる言語は4つに限られ

てはいるが、沖縄祖語について多くの特徴がみえてくる。

　まずはじめに（4）に挙げた語彙をみてみよう。糸満方言、久高島方言、那覇方言、石川方言で「鏡」「昨日」「首」「毛」「心」を何というのか一目でわかると思う。ひとつずつみていこう。

| (4) | 糸満 | 久高 | 那覇 | 石川 |
|---|---|---|---|---|
| 【鏡】 | kagan | hagan | kagan | kagami |
| 【昨日】 | kinuu | k'inuu | chinuu | chinuu |
| 【首】 | kubi | k'ubi | kubi | kubi |
| 【毛】 | kii | hii | kii | kii |
| 【心】 | kukuru | hukuru | kukuru | kukuru |

　まず「鏡」を表す語だが、糸満と那覇では kagan というが、久高と石川が多少異なる。久高島では hagan といい、語頭の子音 h だけが糸満や那覇と異なる。石川の kagami は語尾に mi があり、糸満、久高島、那覇の語尾は n である。

　ここでまず考えるのは、どうして久高島の hagan だけが語頭に h 音があるのかということである。他の語彙をみてみると、hii【毛】と hukuru【心】も同じようなパターンであることがわかる。k と h の対応関係には何が隠されているのだろうか。一方からもう一方へ変化したのだろうか。だとすると、どちらが古いのだろう、などと考えてしまう。結論からいうと、k が古い音声で、h は k が変化した音声である。k＞h の変化は軟音化といわれ、多くの言語にみられる現象で、沖縄語にもみられる。このような

変化は無作為に起こるのではなく、語中の位置やある特定の母音の直前や直後など、同じ条件下では同じように起こる。久高島のk>h も無作為に起こっているのではなく、ある法則に則って変化は起こっていると推測することができる。

次に、石川方言の kagami の語末 mi について考えてみよう。糸満、久高島、那覇では語末は n で終わっているが、石川の語の語末には mi がある。この対応から考えられるのは古い沖縄語の「鏡」という語の語尾は mi か、それとも n かということである。どう解決すればよいのだろうか。

ふたつの仮説を立てて検討してみよう。まずひとつ目の仮説だが、「鏡」を表す祖語形は *kagan のようであり、語末に n があった。そして、糸満、久高島、那覇では祖語の n を保持し、石川では n>mi という変化を経て、今のかたちになった。

もう一方の仮説では祖語形は *kagami であった。石川では祖語形末尾の mi を保持し、糸満、久高島、那覇の語末では mi>n と変化し、現在のかたちになった。前者の仮説を「-n 説」、後者を「-mi 説」と呼ぶことにしよう。ひとつずつ検討してみよう。「*」は再建された祖語形、または、仮説形であることを意味する。

まず、「-n 説」で説明が必要となるのは石川方言において、語末の n が mi に変化したという点だ。n>mi の変化に説得力のある説明ができるか、ということである。この変化が起こったとすると以下の 2 点について説明が必要となる。n が m へ変化した理由と、別の母音ではなく i が加わった理由の説明である。この変化は沖縄語を含め他の言語にもみられない現象である。母音 i

は子音の硬口蓋化を起こすことはよく知られていて、これは音声学的にみても自然な現象である。しかし、n を m へ変化させる要因が母音 i にあると説明することは音声学的観点からみても難しい。また、母音 i が現れるという点についても、沖縄語には i, u, e, o, a の 5 つの単母音とそれぞれが長くなった長母音があるが、たまたまここでは i である、という説明では説得力に欠ける。別の可能性があるとすれば、考えられるのは *kagan と *mi のような語が融合して、石川では kagami となったという説明だろうか。しかし、そのような例は他にはみられない。

　では「-mi 説」はどうだろう。説明が必要なのは mi＞n の変化である。沖縄語の語彙に「ひぬかん」【火の神】という語がある。うちなーんちゅの生活に欠かせない語だ。「ひ」【火】、「ぬ」【の】、「かん」【神】から成る複合語だ。ちなみに、「かみ」【神】という語もある。「かん」の部分は「かみ」が変化したかたちだと考えられる。つまり、mi が n と変化したということだ。この変化は語末だけではなく、語中にもみられる。沖縄語で「雷」は kannai というが、琉球祖語では *kaminari である。語中の mi が母音を失うことにより m＞n の変化が起こっている。沖縄語には n 「ん」で終わる音節は存在するが、m で終わる音節はない。そのため、m は n としてあらわれるというわけだ。これは沖縄語話者の頭の中に言語知識として存在する。

　ふたつの説をみてきたが、「-n 説」は説明に難しい点がある。説得力があるのは「-mi 説」である。従って、沖縄祖語の「鏡」は *kagami と再建するのが妥当である。このような方法で祖語を

再建することを「比較方法」という。同系統の言語間には音の規則的対応が存在するという原理に基づいている。

## ｜「昨日」の再建　kとk'

　次に、「昨日」を表す語をみてみよう。概観してみると、語頭にk音がある糸満方言と久高島方言のグループと、語頭にch音がある那覇方言と石川方言のグループに分けることができる。違いはその一点で、それ以外の音は一致している。一致している部分は祖語までさかのぼり、一致していない語頭の子音の再建に焦点が絞られる。つまり、*_inuu の下線部を埋めることができれば祖語の再建という目標が達成となる。

　もう一度データをみてみると、那覇と石川の語頭のchは直後に母音iがあるので、これまで何度も登場してきたkの硬口蓋化の結果であることがわかる。実際、このふたつの言語にはchichun【聞く】やchimu【肝】など硬口蓋化がみられる語がある。もし、*chinuu を祖語形とした場合、糸満や久高島では、硬口蓋化が起こる条件下で硬口蓋化とは逆の変化、つまり ch>k という変化が起こったと説明しなければならない。このことから硬口蓋化が起こる以前の音が古いと判断することができる。

　しかし、単純に語頭の子音を硬口蓋化以前のkとするには、疑問も残る。というのは、糸満と久高島では語頭子音が少し異なるからだ。糸満では kinuu、久高島では k'inuu である。久高島の k' は喉をつまらせたようなk音である。さらにいえば、ここで腑に落ちないのが、どうして久高島の「昨日」を表す語の語頭に k'

があるのだろうか、ということである。上の「鏡」の項で、久高島方言では *k>h の変化が起こっていると説明したのを思い出そう。久高方言では祖語の *k は語頭において h へと変化したため、「鏡」は hagan となったという説明だった。しかし、「昨日」は hinuu ではなく、k'inuu である。

（4）に挙げられた久高島方言の語彙をみてみると、語頭の h 音は糸満、那覇、石川の語頭の k 音に対応していることが確認できる。また、語頭が k' である k'ubi【首】と k'inuu【昨日】があることも確認できる。久高島の語彙において、k' で始まる語と h で始まる語を整理すると以下のようになる。

k' が語頭にある語　　k'inuu【昨日】　　k'ubi【首】
h が語頭にある語　　hagami【鏡】　　hii【毛】　　hukuru【心】

これをみると、「鏡」の項で結論づけた *k>h という変化は hagami【鏡】、hii【毛】、hukuru【心】の語に起こり、k'inuu【昨日】や k'ubi【首】では *k>k' という変化が起こっていると推測できる。まとめると語頭の *k- は h- もしくは k'- に変化したということだ。

では、なぜこのような変化が起こったのか説明ができるのだろうか。一見無作為に起こっているようにもみえるが、よく語をみてみると、次のことがわかる。

・k' の直後の母音は i または u である。
・h の直後の母音は i, u または a である。

1章の「言語に「親族関係」があるのか」で説明したことを思い出してほしい。沖縄語の母音 i と u はもともと i と u であった母音と、変化を経て i と u になったものがある。k' の直後にある i と u はもともと i と u の母音で、h の直後の i と u はそれぞれ e と o が変化したものである。「音のちがいと変化」の項で与那国のことばに起こったと説明したが、沖縄語でも同様に起こっている。母音 e は母音 i に統合し、母音 o は u へ統合した。

　母音の統合が起こる前のかたちに戻してみると、以下のようになる。


k' が語頭にある語　　k'in**oo**【昨日】　　k'ubi【首】

h が語頭にある語　　hagami【鏡】　　　h**ee**【毛】　　h**o**k**o**ro【心】


　これからわかることは、語頭において *k>h の変化は起こったが、母音 i と u の直前では k' へと変化した。このふたつの母音に共通する特徴は狭母音であることだ。他の母音 e, o, a とは区別される。i と u は舌を上方に上げて発音する母音だが、他の 3 つ e, o, a は舌が上方にはない母音である。祖語の *k は、久高島では直後の母音が狭母音であるか、そうでないかによって k' または h へ変化したと説明することができる。したがって、祖語形は *kinuu【昨日】と再建できる。ここで確認しておきたいのは、再建形は母音の統合が起こった後のかたちであることだ。(4) に挙げられている語彙からもわかるように、統合以前の母音を含んでいる語は見当たらない。つまり、祖語形に統合前の母音を再建

できる「証拠」がないのである。そのため、比較方法で再建可能な「昨日」の祖語形は *kinuu となる。

　k' の分析によって、「首」を表す語の久高島とそれ以外の地域との違いも説明できる。糸満、久高島、那覇、石川の「首」を表す語はそれぞれ kubi, k'ubi, kubi, kubi である。久高島の語頭の k' 以外はほとんど同じだ。つまり、祖語から大きな変化はないということになる。「首」の祖語形は *kubi と再建することができる。

## ▎「毛」と「心」

　糸満、久高島、那覇、石川の「毛」、および「心」を意味する語についてもほとんど同じ語形だ。ふたつの語彙とも久高島の語頭の h だけが他と異なり、それを除いて、ほとんど違いはない。久高島の語頭の k>h の変化については既に詳しく説明をした。「昨日」と同様、母音の統合後の母音が祖語形に含まれる。「毛」「心」の祖語形を再建すると、それぞれ *kii【毛】、*kukuru【心】となる。参考までに、このふたつは *kii HL、*kukuru HHL と発音されていただろうと仮説を立てる研究者もいる。H と L はピッチの高低を表し、H は高く、L は低く発音する。日本語にまったく同じ例はないが、ame HL「雨」や tamago LHL「卵」の発音が参考になると思う。

　上で再建した語彙から沖縄語の音声の体系もある程度わかってきた。限られたデータではあるが、分析した範囲でいうと、沖縄祖語には i, ii, u, uu, a の 5 つの母音と k, g, b, r, n, m の子音があったということが推測される。それ以外の母音や子音についてはその

他の語彙を比較することによって明らかになってくる。

## ┃内的再建法

　系統が同じ言語の比較によって共通の親言語を再建する方法を比較方法というが、その方法以外に言語の古い姿を再建する方法がある。いくつかの言語の比較から考えるのではなく、ひとつの言語にみられるバリエーションを基に言語の古いかたちを探る方法だ。ここではその方法を紹介しよう。

　沖縄語のハ行子音はhからbへ変化する場合があると、第2章の「琉球諸語におけるhとp」で説明したのを思い出そう。沖縄語で「星」をhusiというが、「星々」はhusibushiという。husiをふたつ並べてつくられるこの複合語でふたつ目の語頭のhはbと発音される。これはこの語だけに限られる現象ではなく、多くの語でみられる。meebaa【前歯】、kayauchibanta【茅打バンタ】、muuchiibiisa【ムーチーびーさ】、oobee【青蠅】はふたつの語から成る複合語である。複合語のふたつ目の語はそれぞれ順にhaa【歯】、hanta【崖】、hiisa / fiisa【寒さ】、hee / fee【蠅】である。これらの語は複合語ではbaa, banta, biisa, beeへと変化している。

```
meebaa【前歯】              ＜  mee【前】＋haa【歯】
kayauchibanta【茅打バンタ】  ＜  kayauchi【茅打】＋hanta【崖】
muuchiibiisa【ムーチーびーさ】＜  muuchii【鬼餅】＋hiisa / fiisa【寒さ】
oobee【青蠅】               ＜  oo【青】＋hee / fee【蠅】
```

このhとbのバリエーションを利用してこの音の古い姿を「復元」することができる。既に第2章「音のちがいと変化」で説明した通りだが、ハ行子音hは以前pであったということだ。現在のhは上の例のように複合語では古いかたちに逆戻りして変化する。p音の前後に有声音がある場合、pも周りの音声に同化され、有声音化してbになる。ハ行子音の古い姿は *p と推定することができ、「歯」「崖」「寒さ」「蠅」はそれぞれ *paa, *panta, *piisa, *pee であったと考えられる。現在の沖縄語のhはもともと *p だったものが軟音化が起こりhへと変化したのである。

　ちなみに、「茅打バンタ」は国頭村宜名真にある断崖で、観光地のひとつである。「ムーチーびーさ」は旧暦12月8日に月桃の葉に包んだ餅を子供たちに与える行事を「ムーチー」（鬼餅）といい、その時期の寒さのことを「ムーチーびーさ」という。

　さらに、*p＞hの変化は直接 *p がhへ変化してのではなく、*p はfへ変わり、その後hへと変化したことも「ひーさ／ふぃーさ」hiisa / fiisa や「へー／ふぇー」hee / fee などのバリエーションがあることからも推測できる。沖縄語のf音は宮古のことばにみられるfとは異なり、日本語の「ふたつ」を発音する際の語頭のfの音である。ここではfと表記しておく。このようにひとつの言語内にみられるバリエーションをもとに部分的に古い姿を明らかにする方法を内的再建法という。比較方法は複数の言語に共通する祖語を再建するのに対して、内的再建法はひとつの言語の古いかたちを部分的に再建する方法である。

## ……2　琉球諸語の祖語を比べる……

　「鏡」「昨日」「首」「毛」「心」を表す語が沖縄祖語ではどのようなかたちであったかをみてきた。この項では同じ語彙を使い、沖縄語以外の琉球諸語、つまり奄美語、国頭語、宮古語、八重山語、与那国語の祖語形を再建し、それぞれの祖語の特徴をみてみよう。

### ┃奄美語の祖語を再建する

　奄美語は主に奄美大島、喜界島、徳之島で話されている。それぞれの島から方言をひとつずつ選び比べてみよう。奄美大島からは名瀬方言、喜界島からは湾方言、徳之島からは伊仙方言、それぞれのことばで「鏡」「昨日」「首」「毛」「心」を表す語は以下のようになる。これをもとに比較方法を用い、奄美祖語のかたちを再建してみよう。5つの語の祖語形に限られるが、沖縄語と違う特徴がみえてくる。

| 奄美語 | 名瀬 | 湾 | 伊仙 |
|---|---|---|---|
| 【鏡】 | kagan | kagami | kagami |
| 【昨日】 | k'inu | ch'inyuu | k'inuu |
| 【首】 | k'ubi | k'ubi | k'ubi |
| 【毛】 | kɨ | hini | kɨɨ |
| 【心】 | kooro | kukuru | kukuru |

## 「鏡」「昨日」「首」の古い姿

　まずは「鏡」だが、名瀬方言、湾方言、伊仙方言の語を比べてみると、3つとも語末以外はまったく同じであることに気づく。名瀬の語形末尾には n、他のふたつの語末には mi がある。これは沖縄語でみられたパターンである。上の沖縄語の祖語の再建の際に説明したように、ここでも同様に *kagami と再建することができる。

　次に、「昨日」を表す語をみてみよう。名瀬では k'inu、湾では ch'inyuu、伊仙では k'inuu で、語頭の子音や語中の鼻音、そして語末の母音の長さに違いがあることがみてわかる。

　語頭の子音をみてみると、湾方言は ch' で、他のふたつは k' である。湾の ch' は硬口蓋化による変化で、他のふたつには起こっていないようである。

　語中の鼻音についても、湾方言では ny とあり、他のふたつは n である。湾では直前の母音 i の影響で n に硬口蓋化が起こり ny へ変化したと考えられる。

　語末の母音については名瀬だけが短母音 u で、他のふたつは長母音 uu だ。どちらが古いのだろうか。このふたつの母音を比べるだけでは答えが出てこない。解決のヒントは中学校や高校で学んだ日本語の古語にある。「昨日」は日本語の古語で「きのふ」という。つまり、「昨日」を表す語は以前「き」「の」「ふ」が示すように音節が 3 つあったということだ。湾の ch'inyuu と伊仙の k'inuu の語末の長母音はふたつの音節の母音がひとつになり uu へ変化したということである。名瀬では語末の音節を失ったか、

または語末の長母音が短くなったと推測できる。したがって、「昨日」を表す古い語形は *k'inuu となる。

次に再建を試みたい語は「首」だが、名瀬方言、湾方言、伊仙方言、3つともまったく同じ k'ubi である。語に含まれるそれぞれの音の対応は3つの語で同じであることから、祖語も *k'ubi となる。つまり、名瀬方言、湾方言、伊仙方言の k'ubi は祖語形をそのまま保持しているということだ。

## ▌「毛」と「ひげ」

語彙表の4つ目は「毛」を意味する語である。名瀬方言、湾方言、伊仙方言、それぞれの語形は ki、hini、kïï であることがわかる。名瀬と伊仙の語形はほとんど同じであるが、湾方言の語形が他のふたつとはかなり異なる。まず、あまり違いのない名瀬と伊仙の語形を確認しておこう。子音も母音も同じだが、母音の長さだけが異なり、名瀬では ï だが、伊仙では ïï と長く発音する。

沖縄諸方言でもそうだが、奄美諸方言でも基本的に1音節語の母音は長母音である場合が多い。しかし、奄美語の方言である名瀬方言では1音節語の母音は短母音であらわれる特徴がある。例えば、奄美語の多くのことばで「手」「葉」「帆」「木」「目」などを表す語は1音節であり、母音は長くなる。しかし、これらの母音に対応する名瀬方言の母音は短い。下の語彙表で名瀬、湾、伊仙の語形を比べてみると違いがわかる。名瀬では短母音化が起こったが、他の奄美方言では起こらなかったと仮定しておこう。語彙中の f 音は沖縄語にみられる f 音と同じで、宮古語や英語な

どの f 音とは異なる。具体的には日本語の「布団」huton の語頭と h 音と同じである。

| | 【手】 | 【葉】 | 【帆】 | 【木】 | 【目】 |
|---|---|---|---|---|---|
| 名瀬 | tɨ | ha | fu | kɨ | mɨ |
| 湾 | tii | haa | fuu | hii | mii |
| 伊仙 | tii | faa | fuu | kɨɨ | mɨɨ |

次に、湾方言の hini【毛】をみてみよう。実はこの語は名瀬方言と伊仙方言の「毛」を表す語とは語源が異なる。湾では「ひげ」も hini という。つまり、hini は「毛／ひげ」の意味をもつ。ちなみに、名瀬と伊仙では「ひげ」を higi という。湾方言の hini【毛】は higi【ひげ】が変化したかたちだと考えられる。湾方言にはこの語以外に k'uni【釘】、muni【麦】など ni と gi の対応する例があり、この対応は喜界島の他の小野津方言や志戸桶方言にもみられる。しかし、他の奄美諸方言の gi がすべて湾方言で ni へ変化したわけではなく、migi【右】や sugiruri【過ぎる】など、gi は存在する。

奄美祖語の「毛」に話を戻し祖語形を考えてみると、湾方言の hini は名瀬方言と伊仙方言の「毛」を表す語とは同源でないため、hini を除外して考えなければならない。つまり、祖語形は名瀬の kɨ と伊仙の kɨɨ を基におこなう。結果、*kɨɨ【毛】となる。

## ┃「心」の長さと母音

　最後に「心」を意味する語をみてみよう。名瀬では kooro、湾と伊仙では kukuru という。後者は上でみた沖縄語の方言形と同じである。3つとも同源の語であるので、そのまま分析を進めていこう。これらの語形を比べみると、「心」の祖語形を再建する際に、考えなければならない点がふたつあることに気づく。ひとつは語の長さ、つまり何音節の語であるか、もうひとつはどの母音を再建するのか、である。

　語の長さをみてみると、kooro は2音節、kukuru は3音節だ。前者はおそらく k 音、または音節 ko が落ちて消えてしまったのだろう。そう考えると、ふたつのシナリオが出てくる。まず、母音間にある k 音が消えたと推測すると、前後の母音が結合し、kokoro＞kooro という変化が起こった。ふたつ目のシナリオでは、語頭の音節 ko、または語中の ko が落ちそのあと母音が長くなった kokoro＞koro＞kooro という変化が考えられる。koro から kooro への変化は音節がひとつ落ちて消えた場合に、語の長さを補うために短母音が長母音化する現象である。琉球語だけではなく多くの言語にみられる。もともとは3音節の語で、後に上のどちらかの変化を経て、名瀬では kooro になったと説明ができる。

　もともとは2音節であったという可能性はないのだろうか。例えば、湾方言と伊仙方言の kukuru は以前 kuru のようなかたちであったが、後に ku が語頭または語中に現れ現在のようなかたちになった、という可能性である。この可能性は非常に低いと考える。ku という音節が kuru の語頭または語中に現れる理由が音

声学的に説明できないからだ。また、湾方言や伊仙方言では、「心」を表す語だけに突然変異的に ku が現れた、と説明を試みると、同じ突然変異が糸満方言の kukuru、那覇方言の kukuru、久高方言の hukuru、石川方言の kukuru にも起こったとなり、説得力に欠ける。

次に kooro と kukuru の母音についてみてみよう。名瀬方言の「心」を表す語に含まれる母音はすべて o で、湾方言と伊仙方言の語には母音 o はなく、o に対応する母音は u である。奄美諸語でも沖縄語と同様、母音 o が u へと変化したため、「声」「漕ぐ」「ここ」「腰」「殺す」などの語はそれぞれ kui、kugyun、kuma、kushi、kurusun のように発音する。母音 o はあらわれない。しかし、母音 o を含んでいる語は多くはないが存在する。例えば、ato【跡】、iro【色】、doro【泥】、ch'ino【角】、kuro【黒】、k'umo【雲】、k'iiro【黄色】などがある。これまで何度も出てきた硬口蓋化は、ある特定の条件下で起こる変化であるが、o>u の変化は体系的な変化である。過去のある時期にこの言語の母音 o は u へ変化した。kooro や上に挙げられている語に含まれている母音 o は o>u の変化の影響を受けなかった、とするならば、変化の影響が及ばなかった理由があるはずである。その理由がみいだせないため、現在存在する母音 o は o>u の変化後に日本語の影響により名瀬方言に入ってきたと考えられる。ここでは kooro を比較の対象から外し、祖語を *kukuru と再建する。

ここで再建した奄美語の「鏡」「昨日」「首」「毛」「心」を表す語の祖語形をまとめると以下のようになる。

奄美語の祖語形 　　【鏡】　　【昨日】　　【首】　　【毛】　　【心】

*kagami　　*k'inuu　　*k'ubi　　*kɨɨ　　*kukuru

## ▍国頭語の祖語を再建する

　国頭語は沖縄本島北部地域から与論島や沖永良部島までの広範
囲で話されている。祖語の再建にあたって、国頭語の特徴がなる
べく多く含まれるよう伊江島方言、国頭村辺土名方言、与論島麦
屋東区方言の３つを選んだ。これら３つのことばを比較し、国
頭語の古い姿を再建してみよう。

　下の語彙表から伊江島、辺土名、与論島で「鏡」「昨日」「首」
「毛」「心」を表す語がどう発音されるかがわかり、これまでみて
きた沖縄語や奄美語とは異なる点がいくつかみられる。例えば、
「鏡」にみられる m と n の対応、「毛」では、k が h と sh へ対応し
ているなど興味深い対応関係が目につく。これらの語の祖語形は
どうなっているのだろう。

| 国頭語 | 伊江島 | 辺土名 | 与論島 |
|---|---|---|---|
| 【鏡】 | kagani | hagami | hagan |
| 【昨日】 | chinyu | ch'innuu | kinoo |
| 【首】 | kudi | k'ubi | kubi |
| 【毛】 | kii | hii | shii |
| 【心】 | kukuru | kukuru | kuru |

## 「鏡」

伊江島、辺土名、与論島の語形を左から順に並べてみると、kagani、hagami、hagan となる。この 3 つに共通している箇所を抜き出してみると、-aga- となる。前後のハイフンは aga が語中にあり、前後に音声があることを示している。この共通部分は、祖語から現在まで変化していない部分と考えられる。解決しなければならない点は -aga- の直前の音声及び直後の音声を「復元」することである。伊江島、辺土名、与論島の語において -aga- の直前および直後の音声がどう対応しているかみてみよう。

|  | 直前 |  | 直後 |
|---|---|---|---|
| 伊江島 | k | -aga- | ni |
| 辺土名 | h | -aga- | mi |
| 与論島 | h | -aga- | n |

直前にあるのは k または h である。沖縄諸方言にみられたパターンに類似する。直後では ni、mi、n の 3 つのバリエーションがあり、沖縄諸方言や奄美諸方言にみられた 2 パターンよりは複雑である。

まず、直前の音声に焦点をあてて対応関係を探ってみよう。伊江島の k が辺土名や与論島の h と対応していることから、沖縄諸方言の場合と同様、k>h の軟音化が起こったと考えられる。結論としては k 音が辺土名と与論島では h 音へ変化したとするが、注意も要する。伊江島の語頭の k 音は母音 a の直前、つまり、カ

行の「か」ka は辺土名と与論島のように、「は」ha へ変化してい
るものも多い。下の語彙表にいくつか例を挙げておく。

「か」ka で始まる語　　kaagi【影／容姿】　kazai【飾り】
　　　　　　　　　　　　kashii【援助／応援】　kayun【借りる】
「は」ha で始まる語　　hachun【書く】　haa【皮】　hata【肩】　hami【亀】

　これらの「か」で始まる語例のように、kagani【鏡】も語頭の
k音を保持しているのだろうと推測するが、この語が借用語であ
るため語頭はh音ではなくk音があるとするならば、この語は
比較の対象とはならない。しかし、そうであるという証拠は今の
ところみあたらない。逆に、この語が借用語ではない可能性を示
す特徴がkagani【鏡】には含まれている。語末の ni の存在であ
る。これは伊江島方言で起こった独特の変化の痕跡である。これ
については後ほど詳しく述べる。
　次に -aga- 直後、語末をみてみよう。ここでは ni、mi、n が対
応している。辺土名の mi と与論島の n の対応についてだが、同
様な対応が沖縄祖語や奄美祖語でみられたのを思い出そう。与論
島の語末の n については、沖縄祖語の分析から n が古くは mi で
あったと詳しく述べた。ここでも同様の変化が起こっているとの
説明で問題はない。この語末の古いかたちが mi だとすると、ど
うして伊江島では ni に変化してしまったのか、これを説明する
必要がある。
　辺土名の mi と伊江島の ni、このふたつの音節は両言語の間で

規則的に対応しているのだろうか。または、直後に続く母音に関係なくm音とn音が規則的に対応しているのだろうか。そうであれば、伊江島にはm音そのものが存在するのだろうか、気になる点がいくつか出てくる。では、これら鼻音の対応関係が詳しくわかるよう、(1) の語彙表をみてみよう。

(1) 　　　　　【海】　【波】　【神】　【耳】
　　辺土名　umi　　nami　　kami　　mimi
　　伊江島　uni　　nanii　　hanii　　ninii

　語彙表に「海」「波」「神」「耳」を辺土名方言と伊江島方言でどういうのか、一目でわかるように並べられている。辺土名ではすべての語の末尾にmiがある。一方、伊江島では語末はni、またはniiである。niとniiの母音の長さの違いはアクセントの違いに関係している。アクセントとは語を発音する際のピッチの高低のことである。母音iの直前において、辺土名のmと伊江島のnは規則的に対応していることがわかる。また、「耳」を表すmimiとniniiからわかるように、この対応は語末に限られているわけではない。

　しかし、下の (2) に挙げられている語では、伊江島のnは辺土名のmではなく、nと対応しているようである。これはどういうことだろうか。

(2)　　　　　　【骨】　【羽】　　【根】

　　辺土名　　puni　fani　　nii

　　伊江島　　puni　puni　　nii


　よくみてみると、n 直後の母音に秘密が隠されていることがわかる。先の沖縄語の祖語の再建の際に沖縄語には母音の統合が起こっていて、母音 i にはもともとの i と、母音 e が i に統合されたものがあることを説明した。ここでもその変化があったことがうかがえる。それをふまえて（2）の語をもう一度みてみよう。「骨」「羽」「根」の語末の i は、以前は e であった。e が i へ変化したため、現在のようになっている。母音 o も u へ変化した。この母音の統合は琉球諸語に広くみられる現象である。もともとの i の直前にある伊江島の n は辺土名の m に対応し、もともとは e であった i の直前にある n は辺土名の n に対応しているということである。mi と ni をひとまとめにするとわかりやすい。


　　　以前　　　現在　　　辺土名　　伊江島

　　　i　＞　i　　　　mi　　　ni

　　　e　＞　i　　　　ni　　　ni


　結果、両言語において、上の対応関係は規則的だと判断できる。
　伊江島方言には m 音はあるのだろうか。（3）の語彙表をみてみよう。m 音は確かに確認できる。さらに、辺土名の mi と伊江島の mi が対応している例もある。m 音を直後にある母音と一緒

に比較するとわかりやすい。母音の長さの違いはあるが、mi と mi、mu と mu、ma と ma は規則的に対応していることがわかる。

(3)　　　　　　　【目】　　【豆】　　【虫】　　【腿】　　【島】　　【山】

　辺土名　　mii　　mami　　mushi　　mumu　　shima　　yama

　伊江島　　mii　　maami　　mushi　　muumuu　shimaa　yamaa

　(1) では辺土名の mi と伊江島の ni の対応が確認できたが、ここでは mi は mi へ対応している。上で述べたように、辺土名方言と伊江島方言の母音 i はもともとの i と、e から変化した i がある。(3) の「目」「豆」をよくみてみると、これらの語に含まれる i はもともとは e であった母音のようである。そのため、現在の辺土名方言と伊江島方言の mi の対応に規則性があるというわけだ。もともとの母音 i を含む「海」と、もともとは e であった母音 i を含む「豆」を例に母音統合前と統合後の語を比べてみよう。辺土名の umi には変化が起こらず、現在も umi であるが、伊江島の umi では鼻音 m が n へと変わり uni となった。「豆」については辺土名、伊江島両言語とも語末の e が i へ変わり、それぞれ mami と maami となっている。

|  |  | 母音統合前 |  | 母音統合後 |
|---|---|---|---|---|
| 【海】 | 辺土名 | umi | > | umi |
|  | 伊江島 | umi | > | uni |

| 【豆】 | 辺土名 | mame | ＞ | mami |
|---|---|---|---|---|
|  | 伊江島 | maame | ＞ | maami |

　辺土名と伊江島の鼻音の対応関係は詳しく分析すると複雑ではあるが、規則性があることは理解できたと思う。対応関係はみえてきたが、なぜ伊江島では umi が uni へと変化したのだろうか。また、新しい疑問が出てくる。これについては「首」を表す語を再建する項で詳しく説明する。

　「鏡」を表す古いかたちについて、語頭と語末にわけてここまで進めてきたが、結果として、-aga- の直前は k を再建し、-aga- の直後は mi を再建することになる。つまり、祖語形は *kagami となる。

## ┃「昨日」

　伊江島、辺土名、与論島、それぞれのことばで「昨日」をどういうか、もう一度確認しておこう。伊江島では chinyu、辺土名では ch'innuu、与論島では kinoo である。これら３つの語に共通する点は、２音節の語であること、１音節目の母音は i であること、２音節目に鼻音があることである。また、伊江島と辺土名の語頭の子音は共に ch で、硬口蓋化がみられるが、与論島では k である。伊江島の語末の母音は短いが、辺土名と与論島では長い。

　まずは語末の母音に着目して分析を進めていこう。琉球諸語の長母音は１音節語によくみられる。伊江島、辺土名、与論島でも「毛」を表す語はそれぞれ kii、hii、shii といい、母音は長く

なる。また、もともと2音節の語が語中の子音を失い、ふたつの母音が隣り合わせで並んだ時に、このふたつの母音が融合し、1音節になるものも多い。「皮」は伊江島で haa、辺土名で haa、与論島で hoo といい、これらの語にみられる長母音はふたつの短母音が融合してできたものである。

|  | 伊江島 | 辺土名 | 与論島 |
|---|---|---|---|
| 【皮】 | haa | haa | hoo |

　どうしてそのようなことがわかるのか？　日本語には同源の kawa【皮】があり、それと語形を比較することによる。国頭語では語中の w が消えてしまうという変化を経て、w の前後の母音が融合して現在のかたちになったというわけである。伊江島と辺土名では、aa となり、与論島では oo へと変化した。与論島の oo は一見突然変異のようにみえるが、以下の語例から母音 a の間にある w が落ちた場合は規則的に oo へ統合されることがわかる。

| 母音統合前 | 母音統合後 |
|---|---|
| hawa【皮】　＞ | hoo |
| nawa【縄】　＞ | noo |
| awa　【粟】　＞ | oo |

　母音 a の間の w は落ちてしまうという変化は琉球諸語で広くみられる。沖縄では「沖縄」を「うちなー」uchinaa というが、

ここでも母音 a の間にあった w は失われている。okinawa の語末部分の -awa の母音 a の間にある w が落ちて、-aa へ変化している。

　母音 oo は伊江島と辺土名の aa と対応するということであったが、この対応以外にもうひとつ、与論島の oo が現れる例があるので紹介しよう。下の表にある「青い」「治る」を表す語が示しているように、与論島の長母音 oo は伊江島と辺土名の oo に対応している。この長母音は上で説明した短母音とは異なる母音 ao の融合によってできるものである。この場合 3 つの地域とも同じ oo へと変化している。

| | 伊江島 | 辺土名 | 与論島 |
|---|---|---|---|
| 【青い】 | oosa | oohan | oosan |
| 【治る】 | nooyun | nooin | nooyun |

　与論島の長母音 oo は伊江島と辺土名の長母音 aa に対応している場合と oo に対応している場合のふたつのパターンがあるようである。

　以上をもとに、伊江島、辺土名、与論島の「昨日」を表す語を比較してみよう。与論島の kinoo の語末の oo が伊江島と辺土名の母音とどう対応しているのだろうか。上に挙げたふたつのパターンのいずれかのパターンになれば、祖語のかたちも容易にみえてくる。しかし、伊江島では chinyu、辺土名では ch'innuu なので、上のどのパターンでもないことがわかる。

|           | 伊江島   | 辺土名    | 与論島 |
|-----------|---------|----------|--------|
| 【昨日】   | chinyu  | ch'innuu | kinoo  |

　では、伊江島と辺土名の u/uu に対応する与論島の母音は何だろうか？　下の例をみてみよう。これら3つの語の比較から判断すると、u/uu に対応するのは uu であることがわかる。

|           | 伊江島    | 辺土名    | 与論島          |
|-----------|----------|----------|-----------------|
| 【9つ】    | fuunutsi | kuunuchi | kunu〜kuunuchi  |
| 【今日】   | chuu     | suu      | shuu            |
| 【50】     | gunju    | gunjuu   | gunjuu          |

　規則的に対応していないということは、与論島の kinoo は借用語である可能性が高い。日本語から入ってきたのではないかと推測する。したがって、ここでは「昨日」を表す語の再建は与論島の語を除いて、伊江島と辺土名のふたつの語に基づいて行う。
　語頭の子音からみていこう。伊江島と辺土名、どちらも硬口蓋化が起こっていることが確認できる。伊江島は ch、辺土名は ch'となっている。ch' は ch をつまるように発音する音で、ch が変化したと考えられる。したがって、語頭の子音は ch と再建する。辺土名の ch'innuu に鼻音が nn のように重なっている部分があるが、これは n の挿入という変化を経た結果であると推測する。この現象も珍しくはない。
　次に、語末の母音を比較してみよう。伊江島では u、辺土名で

はuuとあり、違いがある。どちらが古いのだろうか？　解決策は上の奄美語の説明で述べたように、日本語の古語を参照することで解決ができる。辺土名の ch'innuu の語末の長母音はふたつの音節の母音がひとつになり uu となっているということである。この現象は上に挙げた kuunuchi【9つ】にもみられる。語頭の kuu の部分に含まれる長母音はふたつの音節がひとつになった結果である。辺土名の語の末尾の長母音は古いもので、伊江島の chinyu の語末の短母音はより新しいと推測できる。伊江島の chinyu は「ちにゅ」と発音され、ny は直前の母音 i が要因で n に硬口蓋化が起こった音であり、古いかたちは n となる。伊江島方言と辺土名方言のふたつの語の比較に基づいて、祖語を *chinuu と再建することができる。

## ┃「首」

次に「首」を表す語をみてみよう。「鏡」や「昨日」を表す語と比べると、大きな違いはないようにみえる。違いは語頭の k 音と語中の子音にみられる。

|  | 伊江島 | 辺土名 | 与論島 |
|---|---|---|---|
| 【首】 | kudi | k'ubi | kubi |

まずは語頭の子音をみてみよう。これは既に述べたが、つまったk音、つまりk'はkが変化したものであると推測される。辺土名では、k'は母音uと母音oが統合する以前のuの直前に現

れ、kやhはもともとのoの直前に現れるためである。

| 辺土名方言の語例 | 統合前 | 統合後 | 語例 | |
|---|---|---|---|---|
| | ku | ＞ k'u | k'ubi【首】 | k'uchi【口】 |
| | ko | ＞ ku/hu | kukuru【心】 | hui【声】 |

　語中の子音の違いは興味深い。辺土名と与論島では語中の子音はbだが、伊江島ではkudiと発音し、語中の子音がdである。このb音とd音の対応関係から、辺土名や与論島でbと発音する子音は伊江島ではdと発音するのだろうか、と考えてしまう。下の語彙表で伊江島と与論島を比べて確認してみよう。「紙」と「旅」を表す語では「首」の語と同様、与論島のb音に伊江島のd音が対応している。しかし、「狭い」「ゴボウ」「蜘蛛」を表す語をみてみると、伊江島ではそれぞれibasan、gumboo、hubuといい、b音が存在することがわかる。

| | 【紙】 | 【旅】 | 【狭い】 | 【ゴボウ】 | 【蜘蛛】 | 【倍】 |
|---|---|---|---|---|---|---|
| 伊江島 | hadi | tadi | yubasa | gumbo | kubu | bee |
| 与論島 | habi | tabi | ibasan | gumboo | hubu | bee |

　日本語の「首」「紙」「旅」を表す語の語形も考慮にいれ、伊江島のd音は、もとはb音であったが、伊江島の一部の語においてb＞dの変化が起こり、他の語彙では同様の変化が起こらなかった、という仮説を立て、整理をしてみる。

| *b＞b | *b＞d |
|---|---|
| yubasa 【狭い】 | kudi【首】 |
| gumbo【ゴボウ】 | hadi 【紙】 |
| kubu　【蜘蛛】 | tadi 【旅】 |
| bee　　【倍】 | |

　説明が必要な点は、何が原因で一部のｂはｄへ変化したのか、ということである。すべてのｂが無条件にｄに変化していないことから、ある条件下で変化は起こっていると推測することができる。その変化の要因を探っていこう。

　はじめに、上の表の左側に列挙された語をみてみよう。これらはｂ音を保持している語である。これらの語の前後の音声をｂ音を含めて抜き出して、音声的な共通点があるかどうかみてみる。上から順に -uba-【狭い】、-mbo【ゴボウ】、-ubu【蜘蛛】、bee【倍】となり、隣接する音声に共通点はみられない。次に、右側に列挙された語も抜き出してみると、-udi【首】、-adi【紙】、-adi【旅】となる。この抜き出した３つの部分には共通点があることがみえてくる。ｄ音の直後に母音ｉがあることである。

　これまでみてきた沖縄語や奄美語にも、母音ｉが関係している音声変化はあった。ｋやｔなどの硬口蓋化である。ただし、母音ｉの直前のｂがｄへ変化するという現象はみられなかった。どうしてｂがｄに変わるのだろうか。母音ｉの影響を受けている子音がｂ以外にもあれば、そこから何かわかるはずである。

　国頭語の祖語を再建する際に比較した伊江島方言の語形を思い

出してほしい。伊江島では「鏡」を kagani といい、語末にある ni は独特で辺土名と与論島とは異なっていた。さらに、「海」「波」「神」「耳」は伊江島方言で uni、nanii、hanii、ninii というが、これらの語は辺土名では umi、nami、kami、mimi という。これをもとに伊江島方言のこれらの語に含まれる鼻音 n は m が変化したものだと結論づけた。つまり、伊江島では m>n の変化が起こったということである。この変化も母音 i の直前である。

　b 音と m 音に共通するのは、ともに両唇を使って発音する音声であることである。音声学では b 音と m 音を両唇音と呼ぶ。両唇音は母音 i の影響を受けて変化するのだろうか。伊江島方言にはもうひとつ両唇音がある。それは p 音である。p 音も母音 i の直前で b 音と m 音でみられたような変化が起こっているのだろうか。与論島方言と比較して確認してみよう。

　琉球語のハ行子音は古くは p 音だったと説明したのを覚えているだろうか。その古い p 音が国頭語に存在することが、「羽」「鼻」「袋」「掘る」「帆」を表す語から確認できる。これらの語の語頭には p 音があり、それに続く母音は a と u である。この場合、伊江島の p 音と与論島の p 音は規則的に対応していることがわかる。

|  | 【羽】 | 【鼻】 | 【袋】 | 【掘る】 | 【帆】 |
|---|---|---|---|---|---|
| 伊江島 | pani | pana | puku | puyun | puu |
| 与論島 | pani | pana | pukuru | puyun | puu |

さらに次の表をみてみよう。表中に挙げられている与論島の語は語頭にp音があるが、対応する伊江島の語の語頭にはt音とp音がある。これらの子音の直後にある母音はiである。母音iの直前では音声の対応が不規則のようにみえるが、よくみてみると、「日」と「肘」に含まれる母音iと「屁」に含まれる母音iには違いがあることがわかる。前者はもともとのiで、後者のiはe＞iという変化後の「新しいi」である。伊江島方言ではもともとの母音iの直前ではp音はあらわれず、t音が現れるようだ。

| | 【日】 | 【肘】 | 【屁】 |
|---|---|---|---|
| 伊江島 | tii | tiji | pii |
| 与論島 | pii | piji | pii |

　上の例から、伊江島ではp音は母音iの前ではtに変化すること、さらに母音eが母音iへと変化する以前にp音はtへと変化していたと推測できる。つまり、p＞tの変化が起こった時、現在のpii【屁】の語中の母音はeであった。そのため、変化の影響をうけず、pを保っているというわけだ。tii【日】とpii【屁】を例に、このふたつの変化の順序は以下のように示せる。

　　　　　　　　p＞t変化　　　e＞i変化
*pii【日】　　　→　　　tii
*pee【屁】　　　　　　　　　　→　　　pii

146

これで伊江島方言では、母音 i の直前の両唇音はすべて同じように変化していることがわかる。まとめてみよう。

　　p ＞ t　　b ＞ d　　m ＞ n

　p、b、m は無作為に t、d、n に変化しているわけではなく、ある法則があるようにみえる。つまり、p は母音 i の直前で t へ変化しているが、他の音声へは変化してはいない。これは b＞d や m＞n の変化にも言える。p、b、m が変化する t、d、n にどんな共通点があるのだろう。ヒントは t、d、n が発声される時の舌の位置にある。この 3 つの子音は舌を上の歯茎部分にあてて発声する音声で、歯茎音と呼ばれる。母音 i と p、b、m、そして t、d、n が発声される際に使われる音声器官や位置を記した以下の図をみるとこれらの音声の関係がわかりやすい。

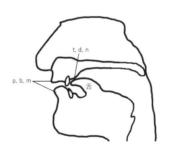

　p、b、m は両唇を使ってつくられ、t、d、n は舌を歯茎にあててつくられ、母音 i は舌を口腔内の高い位置（口の中の天井部分）

に置いて発声される。母音 i の直前に p、b、m がある場合、より母音 i に近い位置でつくられる t、d、n へと変化するということがわかる。母音 i が p、b、m を母音 i に近いところへ「引き寄せた」と捉えるとわかりやすい。

以上から、国頭語の「首」を表す語は *kubi と再建する。

## ┃「毛」

次に、伊江島、辺土名、与論島の「毛」を表す語をみてみよう。伊江島では kii、辺土名では hii、与論島では shii と一見同源の語ではない印象を持つかもしれないが、異なるのは語頭の子音だけで、母音 ii は 3 つに共通する。これまでみてきた沖縄語や奄美語では k 音と h 音との対応はみられたが、それに sh 音が加わったこのような対応関係は初めてである。与論島の shii については、突然変異のような変化が起こったのか、または借用語ではないか、などと考えてしまう。

ここで焦点となっているのは母音 i の直前の k 音の対応である。上でも述べたように、国頭語の母音 i は母音 e が i へと変化したものと、変化はしていないもともとの i がある。日本語の ke【毛】と比較をしてわかることだが、「毛」を表す伊江島、辺土名、与論島の語に含まれる母音は e が変化したものであると推測できる。

ちなみに、元の母音 i の直前の子音は伊江島では ch、辺土名では ch である場合と k' である場合があり、与論島では k 音である。母音 e が変化した現在の母音 i の場合と区別されている。

|          | 伊江島    | 辺土名   | 与論島   |
|----------|----------|---------|---------|
| 【聞く】 | chichun  | chikin  | kikyun  |
| 【着物】 | chinuu   | k'in    | kin     |

　伊江島、辺土名、与論島の「毛」を表す語の子音の対応をみて
みよう。子音だけを抜き出すと、伊江島では k、辺土名では h、
与論島では sh となる。もともと e であった母音 i の直前の子音の
対応が同じパターンになるか、他の語彙もみてみよう。下に
「毛」も含め、「煙」「削る」「蹴る」を表す語が並べられている。
これらの語もまた、同じ対応関係を示していることがわかる。辺
土名方言に関する資料は限られているため、辺土名の「削る」と
「蹴る」を表す語は挙げることはできないが、伊江島と与論島の
対応関係は規則的であることはわかる。

|          | 伊江島   | 辺土名  | 与論島          |
|----------|---------|---------|----------------|
| 【毛】   | kii     | hii     | shii           |
| 【煙】   | kibushi | hibushi | shimbushi      |
| 【削る】 | kinjun  | —       | shijun/shinjun |
| 【蹴る】 | kiyun   | —       | shiyun         |

　k 音、h 音、sh 音の対応を基に再建される音はどれだろう。
「鏡」の項でも述べたが、k>h の変化は軟音化といい、よくみら
れる変化である。破裂音から摩擦音への変化である。sh も摩擦
音で、sh への変化も軟音化であり、起こり得る。祖語では *kii

【毛】であったが、辺土名と与論島では k 音の軟音化が起こり、それぞれ hii と shii になったということだ。

　与論島では shii【毛】を hii と発音する場合もあると聞く。sh 〜h 音の発音の揺れは「木」という語にもみられ、shii【木】というが、hii ともいう。このような揺れは、音の変化が起こる兆候である場合が多い。この shii【木】という語だが、伊江島と辺土名の語と比べてみると興味深いことがわかってくる。伊江島、辺土名、与論島の語を並べると、語頭の子音は k、h、sh となり、「毛」の場合と同じ対応関係である。つまり、この語に含まれる母音 i は以前 e であり、「毛」に含まれる母音と同じであった可能性がある。

|  | 伊江島 | 辺土名 | 与論島 |
|---|---|---|---|
| 【木】 | kii | hii | shii〜hii |

　「木」も国頭語の祖語では *kii ではあるが、それ以前の古い姿が、この3つの対応関係からみえてくる。

## 「心」

　「心」を表す語は、伊江島、辺土名、与論島でそれぞれ kuru、kukuru、kukuru である。これに基づいて、古い姿を再建すると、*kukuru であっただろうと推測できる。辺土名と与論島では祖語と同じかたちで変化はなく、伊江島では1音節、ku を失い、kuru となった。

辺土名では kukuru のように、もともとの母音 o の直前に k 音がある語と、h 音がある語がある。kuunuchi【9 つ】でも語頭は k だが、huma【ここ】や hushi【腰】などでは軟音化が起こっていることも追記しておく。

国頭語の「鏡」「昨日」「首」「毛」「心」の古い姿を探ってきた。再建した祖語形をまとめると以下のようになる。これまでに再建した沖縄祖語と奄美祖語と比べてみると、類似する点が多いことに気づくと思う。

| 国頭祖語 | 【鏡】 | 【昨日】 | 【首】 | 【毛】 | 【心】 |
|---|---|---|---|---|---|
| | *kagami | *chinuu | *kubi | *kii | *kukuru |

## 宮古語の祖語を再建する

沖縄本島の那覇から南西へ約 300 キロ離れたところに宮古諸島がある。宮古諸島の島々で話されていることばは、沖縄語や国頭語など他の琉球諸語とは異なる、ひとつの言語としてまとまった特徴があり、宮古語に分類される。

奄美語や国頭語の祖語を再建した時と同様、ここでも 3 つの方言を選び、比較をして宮古語の祖語の再建を試みる。ひとつ目のことばは、宮古島の北部にある大浦という地域で話されている大浦方言、ふたつ目は同じ島の南側、下地町の上地という地域で話されている上地方言、そして宮古島と石垣島の間に浮かぶ小さな島、多良間島で話されている多良間島方言である。

大浦、上地、多良間島の「鏡」「昨日」「首」「毛」「心」を表す

語をまとめた下の語彙表をみてみよう。これまでみてきた琉球諸語に似ている点も目につくが、これまでにはない特徴もあることがわかる。例えば、母音について、他の琉球諸語と同様に母音 e や o はみあたらない点は類似する。しかし一方で、ɨ という母音がある。語形についても「首」「毛」「心」などはこれまでになかったかたちが目につく。詳しくみていこう。

|  | 大浦 | 上地 | 多良間 |
|---|---|---|---|
| 【鏡】 | kagan | kagam | kagam |
| 【昨日】 | kinu | kinu | kinuu |
| 【首】 | fugi | nubui | nibui/fugibuni/fugi |
| 【毛】 | pɨgi | pɨgi | pɨgi |
| 【心】 | kimu | kimu | kimu/kukuru |

## 「鏡」

大浦方言、上地方言、多良間島方言の「鏡」を表す語は一見、奄美語、国頭語、沖縄語でみられたかたちと同じようだが、上地と多良間島はかなり異なる。それは語末に m があるという点である。他の琉球諸語や同系統の日本語では語末に m はあらわれない。n で終わる語はあっても、m で終わる語はない。n は「ん」とカナで書くことができるが、語末の m はカナで表記するのは難しい。kagam を「かがむ」とは書けない。「む」は mu であるからだ。このことからもこれまでみてきた琉球諸語とはかなりちがうことがわかる。

宮古語の特徴のひとつがわかったところで「鏡」の古いかたちを探っていこう。まず、大浦、上地、多良間島の語形には違いがほとんどないことに気づく。違いはひとつ、語末の鼻音だ。大浦の kagan は語末が n で、上地と多良間島の kagam は語末が m である。語末の鼻音以外は同じなので、暫定的に *kaga_ としておこう。下線部を埋めることができれば完成である。

　これまでみてきた奄美語、国頭語、沖縄語では「鏡」の祖語を *kagami と再建した。日本語古語や現代日本語でも kagami である。このことから、上地と多良間島では語末の母音 i が落ち、直前の m はそのまま m として残っていると考えることができる。一方の大浦では m ではなく、糸満方言や那覇方言のように n へと変化したと推測する。したがって、語末の鼻音はもともとの両唇鼻音である m を再建し、宮古語の祖語は *kagam【鏡】となる。比較した大浦、上地、多良間島の語形の語末に母音 i はないため、奄美語、国頭語、沖縄語の祖語のように語末に母音 i は再建できない。宮古祖語では既に語末の母音 i は失われていたということになる。

### ▎「昨日」

　次に、それぞれで「昨日」はどういうかみてみよう。大浦と上地では kinu、多良間島も大浦と上地の語形とほとんど同じだが、語末の母音は長くなり、kinuu という。

　1 音節目にある母音 i についてもう一度確認しておこう。この母音もカナ表記できない音声のひとつで、i と表記する以外に方

法がない。この母音は母音 i と母音 u の中間のような音声と説明したが、「中間」とは母音を発話する際に使う舌の位置のことである。母音 i、ɨ、u は高母音、または狭母音と呼ばれている。下の図に母音 i、ɨ、u がそれぞれ発音される時のおおよその舌の位置を示している。ɨ は口腔内の上部の天井のような位置でつくられる音声である。沖縄語や国頭語ではみられなかったが、奄美語にも ɨ を含む語例があったのを思い出そう。

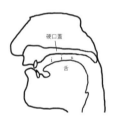

「昨日」という語の語末の母音の長さの再建については、奄美語の祖語を再建するところで長母音が古いと述べた。ここでも、同様の理由により長母音が古いかたちだと判断し、宮古語の祖語を *kinuu【昨日】と再建する。

語末の母音は長いと判断したわけだが、語彙表には多良間島方言だけが語末に長母音があり、大浦と上地は短母音だ。多良間島以外にも語末に長母音があることばはあるのだろうか。参考までに、他の地域の「昨日」を表す語をいくつかみてみよう。

| | 友利 | 池間島 | 大神島 | 伊良部島 | 来間島 |
|---|---|---|---|---|---|
| 【昨日】 | kinuu | nnu | kinu | tsïnu | tsïnu〜tsïnuu |

　友利方言の kinuu は多良間島方言とまったく同じかたちをしている。来間島方言では tsïnu〜tsïnuu といい、発音の揺れがあるようだ。それ以外の池間島、大神島、伊良部島ではそれぞれ nnu、kinu、tsïnu で、語末は u と短く発音する。友利は宮古島の南部にある地域で、池間島、大神島、伊良部島、来間島は宮古島の周りにある島々である。

　ちなみに、池間島、大神島、伊良部島、来間島のうち、大神島以外は宮古島へ橋がかかっている。船で行き来していた時より島々への人の往来は多くなり、言語接触の機会も多くなっている。この先これらの島々のことばはどのように変わっていくのだろうか、非常に興味がわくところだ。

## 「首」と「喉」

　宮古語の「首」を表す語は 3 つの方言で非常に異なっている。大浦で fugi、上地で nubui、多良間島で nibui/fugibuni/fugi である。まずは、同源と思われる語を整理してみよう。大浦の fugi と多良間島の fugi はまったく同じ発音で、同じ「首」を意味するため、語源が同じであると考えられる。上地の nubui と多良間島の nibui もかなり類似している。同源の可能性がある。多良間島の fugibuni は fugi【首】と puni【骨】から成る複合語のようだ。ちなみに、多良間島には nudubuni【喉ぼとけ】という語があり、これは nudu

【喉】と puni【骨】から成る複合語である。

　大浦方言と多良間島方言に共通している fugi について、これは
まったく同じかたちなので、このふたつだけに基づいて再建する
と、*fugi となる。しかし、この語はこれまでみてきた琉球諸語
の「首」を表す語形とはだいぶ異なる。fugi は奄美語、国頭語、
沖縄語でみられた kʼubi や kubi と同源の語だろうか。共通する語
から変化を経てそれぞれのかたちになったのであれば、これらの
語の音声はそれぞれの言語の間で規則的に対応するはずである。
例えば、多良間島の語彙で語頭にあらわれる fu は那覇の語では
同じ位置で ku とあらわれ、多良間島の語彙で語中の gi は那覇の
bi に規則的に対応するということである。

　まず、奄美語、国頭語、沖縄語において ku で始まる語と大浦
と多良間島の同源の語の語頭の音声の対応関係をみてみよう。奄
美語は名瀬方言、国頭語は与論島方言、沖縄語は那覇方言を選び、
それぞれのことばで「草」と「口」をどういうか下に並べてみた。

|  | 大浦 | 多良間 | 名瀬 | 与論島 | 那覇 |
|---|---|---|---|---|---|
| 【草】 | fusa | fusha | kusa | kusa | kusa |
| 【口】 | futsɨ | futsɨ | kuchi | kuchi | kuchi |

　「草」は名瀬、与論島、那覇ではともに kusa といい、「口」も
3つのことばで同じく kuchi という。大浦で「草」を fusa、多良
間島では fusha といい、ku と fu が対応している。さらに、「口」
という語は大浦と多良間でともに futsɨ といい、これも語頭の fu

156

は名瀬、与論島、那覇の ku と対応していることがわかる。

　次に、名瀬、与論島、那覇の語中にあらわれる b 音で、かつ母音 i の直前にあるもの、つまり bi である。これが大浦と多良間で fugi【首】にあるように gi と対応するかみてみよう。

|  | 大浦 | 多良間 | 名瀬 | 与論島 | 那覇 |
|---|---|---|---|---|---|
| 【旅】 | tabi | tabi | tabi | tabi | tabi |
| 【紙】 | kabi | kabi | kabi | habi | kabi |

　名瀬、与論島、那覇ではまったく同じかたちで tabi であるが、大浦と多良間島では両方とも tabi とある。もう一方の「紙」では、名瀬と那覇で kabi、与論島では habi といい、大浦と多良間島では kabi という。比較してみると、名瀬、与論島、那覇の語末の bi は大浦と多良間島の bi と規則的に対応しており、fugi【首】でみたような大浦と多良間島の gi と奄美語、国頭語、沖縄語の bi の対応ではないようだ。

　では、大浦と多良間島の fugi【首】の語末にある gi は名瀬、与論島、那覇ではどの音声に対応しているのだろうか。確認しておこう。大浦と多良間島では「右」や「釘」を表す語の末尾には gi がある。「右」は大浦で nngi といい、多良間島では miigi という。「釘」は大浦と多良間島で fugi という。下の語彙をみてみると、大浦と多良間島の gi は名瀬と与論島の gi、そして那覇では ji に対応している。那覇の j 音は g の硬口蓋化音である。

|       | 大浦   | 多良間  | 名瀬    | 与論島  | 那覇   |
|-------|-------|--------|--------|--------|-------|
| 【右】 | nngi  | miïgi  | nigiri | migii  | nijiri |
| 【釘】 | fugi  | fugi   | k'ugi  | kugi   | kuji  |

　以上から判断すると、大浦や多良間島の fugi【首】は奄美語、国頭語、沖縄語の kubi【首】と同源ではないと推測できる。

　宮古語では fugi 以外にも「首」という語があるので、次はそれをみてみよう。上地方言では「首」を fugi とは言わず、nubui という。これに非常に似ているのが多良間島の nibui だ。1 音節目の母音だけが異なる。上地と多良間島以外で nubui や nibui のような語を使う地域はあるのだろうか。池間島、大神島、来間島、与那覇でも類似した語形がみられる。

|       | 大神    | 池間    | 来間    | 与那覇  |
|-------|--------|--------|--------|--------|
| 【首】 | nupui  | nubui  | nubui  | nudui  |

　上に並べられた語をみてみると、池間島と来間島では上地と同様、nubui が使われていることがわかる。大神島の nupui も nubui と同源である。大神島ではもともとあった b 音は無声音化が起こり p 音となっているため、大神島の p 音は他の地域のことばの b 音と対応する。以下に b 音が無声化した p 音を含む語例を紹介しよう。大神島の p 音が池間島、来間島、与那覇の b 音に対応していることが確認できると思う。

|       | 大神     | 池間     | 来間       | 与那覇      |
|-------|----------|----------|------------|-------------|
| 【鍋】| napi     | nabi     | nabi       | nabi        |
| 【指】| uyupi    | uyubi    | uibi       | uyubi       |
| 【男】| pikitum  | bikidun  | bikidumu   | bikidumu    |

　大神島で子音の無声音化が起こったのは p 音だけではなく、d 音や g 音にも及んでいる。大神島のもともとの d 音と g 音はそれぞれ t 音と k 音へ変化している。参考までに紹介しよう。

|       | 大神     | 池間     | 来間       | 与那覇      |
|-------|----------|----------|------------|-------------|
| 【腕】| uti      | udi      | udi        | udi         |
| 【戸】| yatu     | yadu     | yadu       | yadu        |
| 【鏡】| kakam    | kagan    | kagam      | kagams      |
| 【影】| kaki     | kagi     | kaagi      | kagi        |

　大神島の p 音と池間島、来間島、与那覇の b 音が規則的に対応することがわかったところで、もう一度上に挙げた大神島、池間島、来間島、与那覇の「首」という語をみてみよう。与那覇の nudui は池間島や来間島の nubui とは異なり、語中に d 音がある。大神島の p 音とは規則的に b 音と対応するはずだが、ここだけ d 音と対応しているのはなぜだろう。この疑問に対する答えのヒントは宮古語の語彙の特徴にある。宮古語の「首」という語と「喉」という語を比較すると興味深い関係がみえてくる。
　宮古語では「首」という語と「喉」という語を使い分けている

地域や、「首」を表す語を「喉」を表す語としても使う地域や、「首」を表す語と「喉」を表す語が「混ざった」ような語を使う地域もある。

　まずは「首」と「喉」を使い分けている上地方言と来間島方言をみてみよう。(1) の語彙表によると、上地で「首」を nubui といい、「喉」を nudu という。来間島でも nubui と nudu がまったく同じように使われている。

(1)　　　　　上地　　　来間
　【首】　nubui　　nubui
　【喉】　nudu　　nudu

　次に、「首」と「喉」を表す語が同じである例である。(2) の語彙表が示しているように、大神では nupui という語があり、「首」と「喉」を意味する。上でみたように、多良間島では「首」を nibui というが、「喉」を指す場合にも nibui は使われる。

(2)　　　　　大神　　　多良間
　【首】　nupui　　nibui/fugibuni/fugi
　【喉】　nupui　　nudu/nibui

　次は (3) の語彙表に挙げた与那覇と池間の例をみてみよう。nubui、nupui、nibui などの語例とは異なり、与那覇では語中の音声の対応関係が不規則である nudui という語であることは既に

述べた。これとまったく同じ語が池間で「喉」という意味で使われている。

(3)　　　　与那覇　　池間
　【首】　nudui　　nubui
　【喉】　nudu　　nudui

　上地や来間島などでみられる nubui という語は、実は nudu【喉】という語と kubi【首】という語の混交によってできたと言われている。nudu【喉】の nu の部分と kubi【首】の bi の部分が加わり末尾の音声が変化したというわけだ。与那覇の nudui【首】も同様の変化が起こったとすると、この場合は語中の d は nudu【喉】の d だと考えられる。このような現象は意味が近い語によくみられ、八重山語の「首」と「喉」の語にもみられる。

## 「ひげ」と「毛」

　宮古語の「毛」の語形は奄美語や国頭語、沖縄語ともだいぶ異なる。大浦方言、上地方言、多良間島方言で「毛」を pigi という。これは日本語の「ひげ」と語源が同じである。これと同源の語が奄美語の湾方言でも使われていたのを覚えているだろうか。湾方言では「毛」を hini という。宮古語の pigi、湾方言の hini、日本語の hige は *pige のようなかたちから変化をへて現在のかたちになったのだろう。

　大浦、上地、多良間島では「毛」をまったく同じように pigi

というので、祖語形も *pigi と再建することになる。pigi という語は「体に生える毛」の総称で「ひげ」も含まれる。多良間島の例を挙げると、pana pigi【鼻毛】や futsi pigi【口ひげ】などのように使われる。しかし、髪の毛や陰毛は含まれない。髪の毛は aka、陰毛は ffugii という。興味深いことに、aka【髪の毛】は「生えている髪」を指し、「抜け毛」は akaki という。

「毛」を pigi というのは大浦、上地、多良間島だけではなく、宮古の他の地域でもみられる。大神島、来間島、与那覇などでは pigi とは少し異なり piki という語が使われている。

|  | 大神 | 来間 | 与那覇 |
|---|---|---|---|
| 【毛】 | piki | piki | piki |

奄美語や国頭語、沖縄語などのように、kii【毛】の語が使われている地域があるか気になるところだが、少ないながらある。例えば、池間島や伊良部島では kii のほかに higi または pigi という語も使われている。伊良部島ではどちらも「毛」という意味で使われているが、pigi の方が一般的に広い意味での「毛」を表すようだ。池間島でも kii【毛】と higi【ひげ】の区別があるようだが、どのように使い分けされているか興味深い。

## 「心」と「肝」

語彙表で大浦、上地、多良間島の「心」という語をみてみると、大浦と上地では「心」を kimu といい、多良間島では kimu とも

いうが、奄美語や国頭語、沖縄語と同様に kukuru という語も使われていることがわかる。kimu は日本語の「肝」と同源で、kukuru は日本語の「心」と同源の語である。多良間島では感情や心の状態をあらわす場合にも kimu が使われている。kimu と kukuru は意味が重なる部分があるようである。これは他の琉球諸語にもみられる。例えば、沖縄語には、「肝」と「こころ」から成る「ちむぐくる」【心／精神】という表現がある。「肝」と「ひとつ」をつなげてつくられた「ちむてぃーち」【心をひとつにする／考えが同じ】という表現もある。

　大浦、上地、多良間島の「心」という語を比較して古いかたちを再建するわけだが、共通する語は kimu で、kukuru は多良間島だけにみられる。そのためここでは、*kimu【心】を祖語として再建しておく。

　大浦、上地、多良間島の３つのことばをもとに宮古語の「鏡」「昨日」「首」「毛」「心」の祖語形の再建を試みた。奄美語、国頭語、沖縄語とは類似する点もあるが、違いの方が顕著である。

| 宮古祖語 | 【鏡】 | 【昨日】 | 【首】 | 【毛】 | 【心】 |
|---|---|---|---|---|---|
| | *kagam | *kinuu | *fugi | *pigi | *kimu |

## ┃八重山語の祖語を再建する

　八重山語は石垣島、竹富島、西表島、波照間島、黒島など多くの島々が点在する八重山諸島で話されている。那覇から石垣島までの距離は約 400 キロ、東京からは約 2000 キロである。八重山

語も他の琉球諸語と同様、言語学的観点からみて独特の特徴を共有している言語群として捉えることができる。

　これまで奄美語、国頭語、沖縄語、宮古語の「鏡」「昨日」「首」「毛」「心」の祖語形を再建してきた。ここでも八重山語の方言を3つ選び、これまでと同様に5つの語の再建を試みる。取り上げる方言は、八重山の中心、石垣島で話されている石垣島方言、石垣島の南西約6.5キロの位置にある小さな島、竹富島で話されている竹富島方言、そして沖縄県で2番目に大きい島、西表島で話されている租納方言である。

　語彙表を概観してみると、石垣島と竹富島において「首」という語にバリエーションがあることや、「昨日」を表す語の語頭の子音がkやshであるものがあること、また石垣と竹富の「鏡」という語が租納の語形と異なり、語中に鼻音があることなどの違いはあるが、それ以外はかなり類似する点が多い。詳しくみていこう。

| 八重山語 | 【鏡】 | 【昨日】 | 【首】 | 【毛】 | 【心】 |
|---|---|---|---|---|---|
| 石垣 | kangan | kinu | hubi/nubi | kii | kukuru |
| 竹富 | kangan | shinu | nubui/hui/hubi | kii | kukuru |
| 租納 | kagan | kinu | nubi | kii | kukuru |

## 「鏡」　gの前の鼻音n

　上の語彙表に石垣島、竹富島、租納の「鏡」を表す語はそれぞれkangan、kangan、kaganとある。語形としてはkanganとkagan

のふたつで、石垣島と竹富島、両方の地域では kangan、租納では kagan である。このふたつの語形の違いは語中の g 音の直前に鼻音 n が存在するか否かである。この鼻音はもともとあったものではなく、n の挿入という変化によって生じたものだと考えられる。このような変化は八重山語でよくみられ、例えば、「正月」や「道具」「投げる」などの語にも確認できる。

|  | 【正月】 | 【道具】 | 【投げる】 |
|---|---|---|---|
| 石垣 | shongwaziˉ | doongu | nanginˉ |
| 竹富 | shongachi | dongu | bankasun |
| 租納 | shongachi | dungu | nangirun |

　租納の kagan 【鏡】では語中の g 音の直前に n 音はなかったが、租納の「正月」「道具」「投げる」の語中に n があるのが確認できる。参考までに、他の琉球諸語で「正月」「道具」「投げる」は何というか下にまとめたのでみてみよう。

|  | 名瀬<br>(奄美語) | 伊江島<br>(国頭語) | 那覇<br>(沖縄語) | 池間島<br>(宮古語) |
|---|---|---|---|---|
| 【正月】 | shoogwachi | shoochi | soogwachi | saugatsɨ |
| 【道具】 | doogu | doogu | doogu | dau |
| 【投げる】 | nagiryun | nagiyun | nagiin | yai |

八重山語とは異なり、語中に n はみられないことがわかる。

八重山語の「鏡」に話を戻そう。石垣島と竹富島の kangan に
みられる g の直前の n は変化したかたちであり、八重山祖語へは
さかのぼらないと考えられる。したがって、八重山祖語の「鏡」
は *kagan と再建する。

　参考までに、上の現象とは異なるが、数字をあらわす語の語中
において、「十」juu の直前に鼻音「ん」n があらわれる例が多い
のも特徴である。琉球諸語では「十」を「じゅー」ともいうが、
これは言語接触の影響によるものであると説明をしたのを思い出
そう。

|  | 【二十】 | 【四十】 | 【五十】 | 【九十】 |
|---|---|---|---|---|
| 石垣 | nijuu〜ninjuu | sinjuu | gunjuu | kunjuu |
| 竹富 | ninju〜ninjuu | shinju | gunju | kunju |
| 租納 | ninjuu | shiju | gunju | kunju |

　この「十」の直前に鼻音があらわれる現象は他の琉球諸語には
あまりみられないが、例がないわけではない。これまでみてきた
琉球諸語から、名瀬方言（奄美語）、伊江島方言（国頭語）、那覇方
言（沖縄語）、多良間島方言（宮古語）の「二十」「四十」「五十」
「九十」を表す語を下の表に整理したので、みてみよう。

|  | 【二十】 | 【四十】 | 【五十】 | 【九十】 |
|---|---|---|---|---|
| 名瀬 | niju | shiju | goju | kyuuju |
| 伊江島 | nijuu | shinju | gunju | kunju |

| | | | | |
|---|---|---|---|---|
| 那覇 | nijuu | shijuu | gujuu | kunjuu |
| 多良間島 | nijuu | sijuu | gujuu〜gunjuu | kujuu〜kunjuu |

　八重山語と比較すると、明らかに語中の鼻音は少ないことがわかる。しかし、まったくないわけではなく、「五十」「九十」を表す語に集中してみられるようである。また、伊江島に多くみられるのも興味深い。

### ▌「昨日」

　次に石垣島、竹富島、租納で「昨日」を表す語を比較してみよう。石垣島では kinu といい、竹富島では shinu、租納では kinu ということがわかる。2音節目の nu は3つの語で共通するので問題ではない。ここで焦点となるのは1音節目の再建である。この焦点となる音節は竹富島で shi、石垣で ki、そして租納では ki であり、これは語源が同じ日本語の「昨日」の「き」の部分に対応している。石垣島、竹富島、租納において、「き」を含む「着物」「息」「黄色」を表す語を挙げ、対応関係をみてみよう。

| | 【着物】 | 【息】 | 【黄色】 |
|---|---|---|---|
| 石垣 | kin | iki | kiru |
| 竹富 | shin | ishi | shiiru |
| 租納 | kinu | iki | kiiru |

　石垣島の ki、竹富島の shi、租納の ki は、「昨日」という語でみ

た対応関係と同じであることがわかる。わかりやすく言えば、石垣島の ki、竹富島の shi、租納の ki は日本語の「き」の部分に対応するということだ。「昨日」を表す語を含め、これらの語もそれぞれの語の共通の祖語形から変化し、現在のかたちになったと推測できる。言い換えれば、これらの語に含まれる ki、shi、ki は、八重山祖語のある音から変化をし、現在の形になったということだ。これが確認できたところで、次に行うことはその「ある音」を再建することである。では、古いかたちを探るための分析を行っていこう。

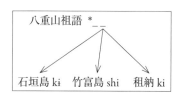

はじめに母音をみてみよう。上でみた石垣島の ki、竹富島の shi、租納の ki の対応関係から、石垣島の i は竹富島と租納の i に、さらに日本語の i にも対応することがわかった。このことから、石垣島の母音 i はもともとの母音 i が変化したものだと推測することができる。母音 i >母音 ɿ の変化が起こったとすると、石垣島には母音 i がないということだろうか。

石垣島の mii【目】、tii【手】、kui【声】という語から、母音 i の存在を確認することができる。そして日本語と比べてわかるように、石垣島の i は日本語の e に対応するようだ。このことから、

石垣島ではもともとあった母音 e は i へ変化したと考えることができる。これらふたつの母音の変化をまとめよう。

石垣島の母音の変化　　過去　　　現在

i　→　i

e　→　i

　沖縄語などでみられた母音の統合とは異なる変化が起こっているようである。

　以上の分析に基づいて母音を再建すると、石垣島の ki、竹富島の shi、租納の ki がさかのぼる八重山祖語の *＿＿ の部分を埋める母音は i ということになる。

　次に、この母音 i の直前の子音を再建してみよう。石垣島と租納では k、竹富島だけが sh である。この対応関係は規則的であることは既に確認した。規則的な対応関係がある k 音と sh 音の関係だが、考えられる変化は k 音の軟音化だ。もともとは k であったが、変化を経て竹富島では sh となったと推測する。k 音の軟音化はこれまでいくつかみてきた。国頭語の与論島方言や辺土名方言などに起こっていたのを思い出そう。k 音と sh 音に基づいてここで再建できる子音は k ということになる。結果、上の八重山祖語の *＿＿ を埋める音声は ki ということだ。したがって、八重山祖語の「昨日」を表す語は *kinu と再建できる。

## 「首」

　八重山語で「首」という語は複数のかたちが使われていることがわかる。石垣島では nubi と hubɨ のふたつ、竹富島では nubui、hui、hubi の 3 つ、租納では nubi と hubi のふたつだ。これらの語をよくみてみると大きくふたつに分類することができる。ひとつは nu で始まる語、もうひとつは hu で始まる語である。

|  | 石垣 | 竹富 | 租納 |
|---|---|---|---|
| 【首】 | nubi | nubui | nubi |
|  | hubɨ | hui/hubi | hubi |

　nu で始まる nubi や nubui は「喉」という語と「首」という語が合わさった混交語だと言われている。石垣島、竹富島、租納では「喉」を nudu というので、nubi や nubui の語頭の nu の部分は確かに一致する。

　八重山語の「首」をあらわす語には nu で始まる語と hu で始まる語があることがわかったが、ふたつはどう違うのだろうか。石垣島では nubi と hubɨ は両方とも「首」という意味ではあるが、nubi は首の前方部分を指し、hubɨ は首の後方部分を指す。

　次に、hu で始まる語をみてみよう。石垣島では hubɨ、竹富島では hui と hubi、租納では hubi だ。竹富島の hui はおそらく hubi と同源の語で b が落ちたかたちだと思われる。ここでは hubɨ と hubi に焦点をあててみていこう。

　まずは hubɨ と hubi が他の琉球諸語の「首」を表す語と同源で

あるか確認しよう。同源であるとわかれば、八重山語の hubi と hubi も他の琉球諸語と共通の祖語形から変化を経て現在に至っているということになる。ちなみに、上で取り上げた混交語は八重山語と宮古語以外の琉球諸語には存在しないため、琉球祖語へはさかのぼらない。

hubi と hubi に含まれる音声が他の琉球諸語の「首」という語の音声と規則的に対応をしていれば同源であり、そうでなければ、同源の語ではないと結論づけることができる。ここではわかりやすく hu の部分と bi または bi の部分に分けて対応関係を調べてみよう。

はじめに、八重山語の「首」を表す語と奄美語の名瀬方言、国頭語の与論島方言、沖縄語の那覇方言の「首」を表す語を比べてみよう。下の表から八重山語の hu は名瀬の k'u、与論島の ku、そして那覇の ku と対応しているようにみえる。これだけでは、この対応関係が規則的であると結論づけるのは難しい。もう少し分析を進めていこう。

|  | 石垣 | 竹富 | 租納 | 名瀬 | 与論島 | 那覇 |
|---|---|---|---|---|---|---|
| 【首】 | hubi | hubi | hubi | k'ubi | kubi | kubi |

確認しなければならないことは、石垣島、竹富島、租納の語頭の hu が名瀬、与論島、那覇の語頭の ku または k'u と他の語彙においても対応するか否かである。石垣島、竹富島、租納と名瀬、与論島、那覇の「雲」「釘」「口」を表す語彙表をみてみよう。

|      | 石垣    | 竹富    | 租納    | 名瀬    | 与論島   | 那覇    |
|------|--------|--------|--------|--------|---------|--------|
| 【雲】 | humu   | humu   | humu   | k'umu  | kumu    | kumu   |
| 【釘】 | hun    | hun    | hui    | k'ugi  | kugi    | kuji   |
| 【口】 | hutsi  | huchi  | huchi  | kuchi  | kuchi   | kuchi  |

　「首」を表す語の比較でみられたのと同様の対応関係、つまり、石垣島、竹富島、租納の語頭の hu が名瀬の k'u、与論島と那覇の ku と対応していることが確認できる。ただ、名瀬の kuchi【口】の語頭の ku は例外のようである。語頭において与論島や那覇そして日本語の「く」は規則的に名瀬の k'u に対応する。名瀬の語頭の ku は kushi【腰】や kui【声】の例が示しているように、日本語の「こ」ko に対応する。名瀬の kuchi【口】の語頭が k'u ではないのは日本語の影響によるものである可能性が大きい。

　次に確認したいのは、「首」を表す語の比較でみられた石垣島、竹富島、租納の bi と名瀬、与論島、那覇の bi との対応関係である。これも他の語彙で同じ対応関係がみられるか確認してみよう。

　下の語彙表に名瀬、与論島、那覇で語末に bi がある「紙」と「旅」を表す語と石垣島、竹富島、租納の語を挙げた。名瀬、与論島、那覇で「旅」は tabi といい、語末は bi である。「紙」は名瀬と那覇で kabi、与論島では habi で、同じく語末は bi だ。これに対して、石垣島で「紙」は kabɨ、竹富島と租納では kabi である。「旅」は石垣島で tabɨ、竹富島と租納では tabi である。石垣島の bɨ、竹富島と租納の bi は名瀬、与論島、那覇の bi と規則的に対

応していることが確認できる。

|      | 石垣   | 竹富   | 租納   | 名瀬   | 与論島  | 那覇   |
|------|-------|-------|-------|-------|-------|-------|
| 【紙】 | kabi  | kabi  | kabi  | kabi  | habi  | kabi  |
| 【旅】 | tabi  | tabi  | tabi  | tabi  | tabi  | tabi  |

　この対応関係から、石垣島の hubɨ、竹富島の hubɨ、租納の hubi はこれまでみてきた他の琉球諸語の「首」を表す語と同源の語であることがわかる。石垣島の母音ɨはもともとの母音 i が変化したものだということは既に述べた。したがって、八重山祖語の「首」を表す語は *hubi と再建できる。

　石垣島の hubɨ、竹富島の hubɨ、租納の hubi が他の琉球諸語の「首」と同源であることがわかったところで再度、石垣島の nubɨ をみてみよう。この語は「喉」という語と「首」という語から成る混交語であると紹介した。石垣島で「喉」は nudu、「首」は hubɨ なので、nudu の nu の部分と、hubɨ の bɨ が合わさってできた語だとすると nubɨ になるはずである。音声の対応関係から言えることは、nubɨ は「喉」と「首」の混交語だと考えられているが、bɨ の部分は hubɨ【首】とは関係がない可能性があるということだ。

## 「毛」と「心」

　上の語彙表からわかるように、八重山語の「毛」「心」を表す語は石垣島方言、竹富島方言、租納方言でまったく同じである。

これらの比較から「毛」と「心」の祖語形を再建すると *kii【毛】と *kukuru【心】となる。石垣島、竹富島、租納では八重山祖語の語形をそのまま現在も使っているということだ。

　再建した「鏡」「昨日」「首」「毛」「心」の八重山祖語形をまとめると以下のようになる。

|  | 【鏡】 | 【昨日】 | 【首】 | 【毛】 | 【心】 |
|---|---|---|---|---|---|
| 八重山祖語 | *kagan | *kinu | *hubi | *kii | *kukuru |

　八重山諸島に地理的に近い宮古諸島で話されている宮古祖語に類似している、と言いたいところだが、八重山祖語と宮古祖語を比べてみると、相違点が目につく。地理的に近い宮古語の祖語形より、かなり離れている沖縄語の祖語形に類似する点が多いことに気づく。非常におもしろい結果である。

## 与那国語の特徴

　沖縄本島の那覇から南西方向へ約500キロの距離に「どぅなん」と呼ばれる小さな島がある。与那国島である。この島では琉球諸語のひとつ、与那国語が話されており、「どぅなん」とは与那国語でこの島のことだ。石垣島までは約125キロ、台湾までは約110キロという距離に位置する。与那国島にはいくつか集落があるが、集落のことばには大きな地域差はないと言われている。また、祖納という地域のことばに関する資料は豊富にあるが、他の地域のことばについてはまとまった資料はほとんどない。そ

のため、比較方法を使って祖語の再建は難しい。ここでは祖納方言をとりあげ、これまでみてきたように、「鏡」「昨日」「首」「毛」「心」を表す与那国語の語に焦点をあて、これらの語からみえる与那国語の特徴をみていこう。

|  | 【鏡】 | 【昨日】 | 【首】 | 【毛】 | 【心】 |
|---|---|---|---|---|---|
| 与那国語 | kaŋan | nnu | nubi | ki～kii | kuguru |

## ┃「鏡」の中のŋ音

　与那国語で「鏡」は kaŋan という。一見、他の琉球諸語でみられた kagan と同じかたちにみえるが、語の中央には g 音ではなく、ŋ 音がある。この音もカナで表記するのは難しい。この音は 2 章の「音のちがいと変化」の項で、「んーす」【味噌】、「っんぶさん」【重い】、「んかし」【昔】を例に挙げ、n 音や m 音との違いを説明した。「ん」は直後の子音に同化をし、「んーす」では n、「っんぶさん」では m、「んかし」では ŋ と発音する。

　石垣島方言と竹富島方言で「鏡」を「かんがん」kangan というが、語中の g 音の直前にある「ん」も n と表記してはいるが、この音も ŋ と発音する。つまり、k 音の直前だけではなく、g 音の直前でも「ん」は ŋ と発音するということだ。石垣島方言と竹富島方言の kangan の n は ŋ と表記しなくても、発音する際自然に ŋ の発音になるため、ŋ と表記はしていない。しかし、与那国の kaŋan の ŋ は kangan の n とは状況が大きく異なるため、ŋ と表記しなければならない。与那国の kaŋan の ŋ 音は直後に g 音

がない。つまり、同化によって生じた ŋ ではなく、独立した音であるということだ。kaŋi【影】、duŋu【道具】などのように語中にみられるのが特徴だ。

## ▎「昨日」

　与那国語の「昨日」という語はこれまでみてきた琉球諸語とだいぶ違う。下に奄美語の名瀬方言、国頭語の伊江島方言、沖縄語の那覇方言、宮古語の多良間島方言、八重山語の石垣島方言の「昨日」を表す語を並べてみた。比較してみよう。

|  | 名瀬 | 伊江島 | 那覇 | 多良間島 | 石垣島 | 与那国 |
|---|---|---|---|---|---|---|
| 【昨日】 | k'inu | chinyu | chinuu | kinuu | kinu | nnu |

　与那国の nnu が他と大きく異なるのは母音がひとつしかないということと、語頭に鼻音があるということである。他の琉球諸語の「昨日」を表す語の語頭には k'i、chi、ki などのようにもうひとつ音節がある。音声の対応関係をみてみると、nnu の語頭の n は名瀬や伊江島などの語の k'i、chi、ki に対応し、nu の部分は他の語の nu/nuu/nyuu の音節に対応することがわかる。

| 与那国 | n | nu |
|---|---|---|
| 名瀬 | k'i | nu |
| 伊江島 | chi | nyu |
| 那覇 | chi | nuu |

| 多良間島 | ki | nuu |
|---|---|---|
| 石垣島 | ki | nu |

与那国語には音節が落ちて消える場合に、「代わりに」鼻音が現れるという例が多くみられる。他の琉球諸語と比較するとわかりやすい。他の例もみてみよう。

| | 名瀬 | 伊江島 | 那覇 | 多良間島 | 石垣島 | 与那国 |
|---|---|---|---|---|---|---|
| 【ひげ】 | higi | tiji | hiji | pɨgi | pɨni | ngi |
| 【爪】 | chimi | simi | chimi | tsɨmi | tsɨmi | mmi |
| 【男】 | yinga | yikiga | yikiga | bikidum | bigidun | binga |

与那国の ngi【ひげ】、mmi【爪】という語をみてみると、ngi と mmi の語頭には鼻音があり、その直後には gi や mi が続く。これは与那国語の nnu【昨日】と同じパターンである。ngi の gi の部分は名瀬、伊江島、那覇、多良間島、石垣島の語末の gi、ji、ni に対応している。伊江島と那覇では硬口蓋化が起こっているため ji となっており、石垣島では gi が ni に変化している。「爪」を表す mmi の mi の部分も琉球諸語の mi の部分に対応する。

語頭の音声の対応関係をみてみると、ngi の語頭の n は上に並べられた同源の語の1音節目、hi、ti、pɨ に対応し、mmi の語頭の m は同源の語の語頭にある chi、si、tsɨ に対応していることがわかる。

この「代わりの n」があわれるのは語頭だけではない。語彙表

の最後に並べられている与那国語の binga【男】をみてみると、語頭に鼻音はなく、語中の g の直前に n がある。名瀬の yinga は例外だが、伊江島、那覇、多良間島、石垣島の「男」という語はそれぞれ yikiga、yikiga、bikidum、bigidun で、3音節である。これらの語の2音節目の ki/gi が与那国語の語頭中の n に対応する。下のように並べるとわかりやすい。

| 与那国 | bi | n | ga |
| 伊江島 | yi | ki | ga |
| 那覇 | yi | ki | ga |
| 多良間島 | bi | ki | dum |
| 石垣島 | bi | gi | dun |

　これらの語は biki/yiki/bigi の部分と ga/dum/dun の部分から成る複合語だと考えられている。語末は ga や dum/dun などと2種類の語があるが、biki/yiki/bigi は同源の語で共通の祖語形へさかのぼる。

## ┃「首」と「毛」と「心」

　与那国語の「首」を表す語は nubi で、宮古語や八重山語と類似しているため、これも宮古語や八重山語と同じように琉球祖語の「首」を表す語とは異なる語だと思われる。

　「毛」を表す語については、琉球祖語と同源の語だと推測する。母音の長さにゆれがあるようだが、同じ語である。

最後に「心」を表す与那国語の kuguru だが、これまでみてきた語と kukuru と同源である。語中の子音が k ではなく g であるのが特徴だ。他の琉球諸語や日本語では k とあらわれている音が g として発音する場合がある。例えば、aga【赤】、agui【あくび】、kagun【書く】などがある。

　ここまで奄美祖語、国頭祖語、沖縄祖語、宮古祖語、八重山祖語における「鏡」「昨日」「首」「毛」「心」を表す語を再建してきた。この章の最後の項では、上に挙げた与那国語の語彙も含め、再建された祖語形を比較し、琉球祖語の祖語形の再建を試みる。

これまで奄美祖語、国頭祖語、沖縄祖語、宮古祖語、八重山祖語の「鏡」「昨日」「首」「毛」「心」を表す語の再建を試みた。最後に、与那国語も含め、再建した祖語形を比較し、琉球祖語の再建を行っていこう。現在話されている琉球諸語やその方言とどう違うのだろうか、興味のあるところである。

まず、再建した奄美祖語、国頭祖語、沖縄祖語、宮古祖語、八重山祖語、そして与那国語をもう一度確認しておこう。

|  | 奄美<br>祖語 | 国頭<br>祖語 | 沖縄<br>祖語 | 宮古<br>祖語 | 八重山<br>祖　語 | 与那<br>国語 |
|---|---|---|---|---|---|---|
| 【鏡】 | *kagami | *kagami | *kagami | *kagam | *kagan | kaŋaŋ |
| 【昨日】 | *k'inuu | *chinuu | *kinuu | *kinuu | *kinu | nnu |
| 【首】 | *k'ubi | *kubi | *kubi | *fugi | *hubi | nubi |
| 【毛】 | *kiɨ | *kii | *kii | *pigi | *kii | ki〜kii |
| 【心】 | *kukuru | *kukuru | *kukuru | *kimu | *kukuru | kuguru |

## ┃「鏡」

まずはじめに、「鏡」という語をみてみよう。奄美祖語、国頭祖語、沖縄祖語の「鏡」という語はまったく同じかたち *kagami である。宮古祖語は *kagam、八重山祖語は *kagan、与那国語は kaŋaŋ だ。これらの語は大きくふたつに分類できる。奄美祖語、国頭祖語、沖縄祖語のような3音節の語と、宮古祖語、八重山

祖語、与那国語のような2音節の語に分けることができる。前者は母音iが語末にあり、後者はn音またはm音で終わる語だ。上の祖語形においては、*kagaの部分は共通していること、そして与那国語の語の中央にあるŋ音はg音の変化した音であることを踏まえると、琉球祖語の再建において問題となるのは語末の音節に絞られる。これが解決すれば、再建は完了となる。

　「鏡」を表す語を同系の日本語や、他の琉球諸語や方言と比較すると、n音またはm音で終わる語は、過去において語末に母音iがあり、変化の過程でその母音を失ったかたちであるということであった。奄美祖語、国頭祖語、沖縄祖語の*kagamiと比較した場合、共通する部分の*kagaに続く音節はmiを再建することになる。したがって、「鏡」を表す琉球祖語は*kagamiである。

### ┃「昨日」

　語彙表に挙げられている「昨日」という意味の語は、表中の祖語でまったく同じかたちをしているものはない。しかし、語に含まれる子音や母音をよくみてみると、すべての語に共通する音声があることに気づく。長さに違いはあるが、すべてにおいて語末に母音uがある。そして、その母音の直前にはn音があることも共通している。したがって、語末の音節は nu、または nuu であると考えられる。先に述べたように、「昨日」は日本語古語では「きのふ」と3音節であり、琉球諸語にみられる nuu は「きのふ」の「の」と「ふ」の音節が変化し統合したと推測できる。したがって、琉球祖語でも語末に nuu を再建する。

次に、語頭の音節をみてみよう。沖縄祖語と八重山祖語は ki、奄美祖語では k'i、国頭祖語では chi、宮古祖語では kɨ、与那国語では n である。与那国語の n 音については、語頭の音節を失った場合にみられると既に説明した。残りの ki、k'i、chi、kɨ を比べて祖語形を再建してみる。まず目につくのが ch 音だ。この音は直後の母音 i の影響を受けて k 音が硬口蓋化したものである。これまでにいくつか例をみてきた。ここでも同様の変化が起きていると考えられる。ch 以外に語頭にある子音は k と k' である。後者は奄美祖語にみられる。

奄美語において、語頭の k' 音はもともとの母音 i と u の直前に現れ、それ以外の母音の前では k である。名瀬方言の例をみてみよう。

| 以前 | | 現在 | 語例 | | | |
|------|---|------|------|------|------|------|
| ki | > | k'i | k'iryun | 【切る】 | k'iji | 【傷】 |
| ku | > | k'u | k'ubi | 【首】 | k'ugi | 【釘】 |
| ke | > | kɨ | kɨ | 【毛】 | kibushi | 【煙】 |
| ko | > | ku | kushi | 【腰】 | kugyun | 【漕ぐ】 |
| ka | = | ka | kagan | 【鏡】 | kabi | 【紙】 |

k＞k' の変化は母音 e と母音 o の変化に伴って起こったといわれている。母音 u については、もともとの母音 u と、もともとは o であった u との区別が k' と k の音の違いに現れていることがわかる。これに基づき、琉球祖語の語頭の子音は k と再建する

ことにする。

　最後にk音の直後の母音を比較してみよう。宮古祖語に母音ɿがあり、それ以外は母音iである。宮古語の母音iは日本語の母音iに対応していることは既に述べた。もともとの母音iがɿへ変化したと考えられる。結果、琉球祖語の「昨日」という語は*kinuuと再建する。

## ▍「首」

　「首」を表す語をみてみると、奄美祖語の*k'ubi、国頭祖語と沖縄祖語の*kubi、宮古祖語の*fugi、八重山祖語の*hubi、与那国語のnubiとあり、5つの異なる語形が確認できる。この5つすべてが共通の語へさかのぼるわけではないということはそれぞれの祖語形を再建する際に説明した。同源である語は奄美祖語の*k'ubi、国頭祖語と沖縄祖語の*kubi、八重山祖語の*hubiである。宮古祖語の*fugiと与那国語のnubiは語源が異なる。琉球祖語の「首」を再建するにあたって、比較の対象となる語は*k'ubi、*kubi、*hubiの3つということになる。

　対象となる語がわかったところで、さっそく再建を進めていこう。*k'ubi、*kubi、*hubiをみてみると、3つすべてが4つの音声で構成されていることがわかる。そのうちの3つ、語頭の子音を除く残りのubiの部分は共通している。問題となるのは語頭子音の再建である。語頭の子音はk'、k、hと3つとも異なる。奄美祖語のk'は母音の変化に伴い、kが変化したものだと既に述べた。そして、八重山祖語のhは他の琉球諸語のkに対応するこ

とや k＞h の変化があったことも説明した。これらを踏まえると、琉球祖語の「首」は *kubi と再建できる。

## 「毛」

上で、「首」という意味の琉球祖語形を再建した際、同源でない語 *fugi は比較対象から外した。「毛」の琉球祖語の再建においても、上の語彙表に挙げられている「毛」を表す語が比較対象となるかどうか確認をする必要がある。みてみよう。

奄美祖語、国頭祖語、沖縄祖語、宮古祖語、八重山祖語、与那国語の「毛」を表す語はそれぞれ *kɨɨ、*kii、*kii、*pigi、*kii、ki ～kii である。*kɨɨ や *kii は同源の語であるが、宮古祖語の *pigi は語源が異なる。宮古祖語の項で、この語を再建する際に説明したが、これは他の琉球諸語の「ひげ」を意味する語と同源の語が宮古語では「毛」を意味する語として使われている。ここでは、宮古祖語の *pigi 以外の語を比較し、琉球祖語形を再建する。

表中の「毛」を表す語をみてみると、すべての語の頭に k 音があることと、1 音節であることが共通している。また、k 音の直後の母音は ɨ または i であり、短いものや長いものがある。語頭の子音は共通しているので *k と再建できる。再建の焦点は母音となる。母音は ɨ と i があり、奄美祖語では ɨ で、国頭祖語、沖縄祖語、八重山祖語、与那国語では i である。下の語彙表にあるように、奄美語の母音 ɨ は他の琉球諸語の母音 i に、そして日本語の母音 e に対応する。

|            | 名瀬<br>（奄美語） | 与論島<br>（国頭語） | 那覇<br>（沖縄語） | 多良間島<br>（宮古語） | 石垣島<br>（八重山語） | 与那国<br>（与那国語） |
|------------|-----------|------------|-----------|------------|------------|------------|
| 【手】     | ti        | tii        | tii       | tii        | tii        | ti〜tii     |
| 【雨】     | amɨ       | ami        | ami       | ami        | aami       | ami        |

　琉球祖語の「毛」に含まれる母音はiの長くなった長母音iiと再建したいところだが、この母音は再建できない。琉球祖語の母音iは奄美祖語でもiであり、ɨへは変化していないからだ。「鏡」「昨日」「首」の祖語形で確認しておこう。「鏡」「昨日」「首」の琉球祖語は *kagami、*kinuu、*kubi で、これらの語には母音iが含まれている。この母音は奄美祖語でもiである。国頭祖語、沖縄祖語、八重山祖語、与那国語でも同様、母音はiだ。宮古祖語では、*kinuu が示す通り対応する母音はiである。つまり、琉球祖語の母音 *i は琉球諸言語の祖語や与那国語へは（1）のように変化したと捉えることができる。

（1）　　　　　　　　　　琉球祖語 *i

奄美祖語 *i　国頭祖語 *i　沖縄祖語 *i　宮古祖語 *i　八重山祖語 *i　与那国語 i

　このことから、琉球祖語の「毛」に含まれる母音はiではない別の母音を再建する必要がある。下の（2）の琉球祖語の下線部をi以外の母音で埋める必要があるというわけだ。

（2）　　　　　　　　　　　　　琉球祖語 *＿

奄美祖語 *i　国頭祖語 *i　沖縄祖語 *i　宮古祖語 *i　八重山祖語 *i　与那国語 i

　「毛」を表す語の母音は日本語の e に対応することから、ここでは琉球祖語の母音を e と再建しておく。与那国語の母音の長さにゆれはあるが、長母音を再建し、琉球祖語の「毛」は *kee とする。琉球祖語の *kee【毛】が奄美祖語では *kïï となり、国頭祖語、沖縄祖語、八重山祖語では *kii へ変化し、与那国語では ki～kii となったということだ。

　宮古祖語の「毛」を表す語は語源が異なる *pigi であった。琉球祖語の *e が宮古祖語の *i へ変化していることはどうやってわかるのだろうか、と思うかもしれないが、語源が同じ語で確認することができる。例えば、奄美祖語、国頭祖語、沖縄祖語、八重山祖語、与那国語の「目」を表す語をみてみると、語形は以下のようになる。

|  | 奄美祖語 | 国頭祖語 | 沖縄祖語 | 宮古祖語 | 八重山祖語 | 与那国語 |
|---|---|---|---|---|---|---|
| 【目】 | *mïï | *mii | *mii | *mii | *mii | mii |

　母音の対応関係が（2）にある母音の対応関係と同じであることがわかる。ちなみに、琉球祖語の「目」は *kee【毛】と同じ母

音を再建することになり、琉球祖語形は *mee である。

## 「心」

　語彙表に挙げられている琉球諸語の祖語形において「心」を表す語は、宮古祖語のひとつをのぞいて非常に類似している。宮古祖語は *kɨmu だが、それ以外は *kukuru である。与那国語では kuguru とあり、語中にあるのは k 音ではなく、g 音である。これについては与那国語を紹介する際に取り上げた。宮古祖語の *kɨmu は *kukuru/kuguru とは語源が異なる。前者は日本語の「肝」と同源で、後者は「心」を意味する語と同源である。琉球祖語の「心」を意味する語の再建には、同源ではない *kɨmu を比較からはずし、*kukuru と kuguru を比較する。与那国の g は k が変化したものだとの推測のもと、祖語は *kukuru【心】と再建できる。

　以上再建した琉球祖語の「鏡」「昨日」「首」「毛」「心」をまとめると以下のようになる。

琉球祖語　　【鏡】　　【昨日】　　【首】　　【毛】　　【心】
　　　　　*kagami　　*kinuu　　*kubi　　*kee　　*kukuru

## 琉球祖語とは？

　琉球祖語を奄美祖語、国頭祖語、沖縄祖語、宮古祖語、八重山祖語、与那国語と比べてみてみると、興味深い点がみえてくるが、気づいただろうか。琉球祖語は「毛」を表す語以外は、沖縄

祖語と同じかたちだ。国頭祖語も「昨日」「毛」以外は非常に似
ている。宮古祖語は語源が異なる語も含まれていることもあり、
琉球祖語とは最も異なるという興味深い結果となった。

　この結果から琉球祖語は琉球諸語の中で沖縄祖語に最も近いと
いう印象を持つかもしれないが、必ずしもそうではない。「鏡」
「昨日」「首」「毛」「心」については上のような結果になったが、
それ以外の語でも同じような結果になるかというと、そうではな
い。「人」を表す語をみてみよう。沖縄語で「人」は cchu、
chu、ttsu などといい、1 音節である。これは語頭の音節を失った
ためで、琉球祖語の *pitu にはほど遠い。一方、宮古語や八重山
語で「人」を pitu や pitu といい、祖語形はそれぞれ *pitu、*pitu
となり、琉球祖語形 *pitu と非常に類似していることがわかる。
また、国頭語の与論島方言では pichu というので、沖縄語より国
頭語の方が琉球祖語に語形が似ている。

　もうひとつ例をみてみよう。琉球諸語の「子」という語をみて
みると、kwaa、kkwa、ffa、hwaa のような語形をしている。下の
表で確認してみよう。


奄美語　　　k'wa（名瀬）、k'wa（徳之島）

国頭語　　　kwaa（与論）、kkwaa（伊江島）、k'waa（今帰仁）

沖縄語　　　kwa（石川）、kkwa（那覇）、k'wa（奥武島）

宮古語　　　ffa（平良）、ffa（多良間島）、ffa（伊良部島）

八重山語　　hwaa（石垣島）、hwa(a)（竹富島）、hwaa（西表島）

与那国語　　agami

母音の長さにバリエーションはあるが、主に上に挙げた 4 つのパターンであることがわかる。与那国の agami は kwaa、kkwa、ffa、hwaa とは語源が異なる。与那国語を除いて、語彙表の語はすべて 1 音節なので、奄美語、国頭語、沖縄語、宮古語、八重山語の祖語形も 1 音節である。これらを基に、琉球祖語を再建すると琉球祖語も 1 音節かと思ってしまうが、琉球祖語の「子」は *kuwa だと考えられている。これは沖縄語の古語に「くわ」【子】という語が存在することもあり、説得力がある。琉球諸語にみられる「子」を表す語は 1 音節語なので、琉球祖語形とはかなり異なる。

　琉球諸語の比較研究においてこれまで研究者によって多くの語彙が再建されている。現代の日本語と同じかたちの語も多くある。いくつか例を紹介しよう。

| | | | | |
|---|---|---|---|---|
| 琉球祖語 | *ita【板】 | *iki【息】 | *inu【犬】 | *shita【下】 |
| | *kusa【草】 | *abura【油】 | *yama【山】 | *kiri【切る】 |
| | *ika【イカ】 | *ni【煮る】 | *yaki【焼く】 | *naki【泣く】 |

　「板」「息」「犬」など、上に挙げた琉球祖語の語は現代日本語とほとんど変わらない。非常に興味深い。また、現代日本語のハ行子音は以前 p 音だったと述べたが、琉球諸語のハ行子音も琉球祖語では p 音であった。現在の国頭語や宮古語などにも p 音が残っていることも紹介した。琉球祖語でも p 音が再建される。

| 琉球祖語 | *piru【昼】 | *piji【肘】 | *pii【火】 | *pikari【光る】 |
|---|---|---|---|---|
| | *paa【葉】 | *pidari【左】 | *pana【鼻】 | *pone【骨】 |

　語頭の p 音と 1 音節語の母音の長さが日本語と異なるとはいえ、これらの語も現代日本語とかなり似ている。

　琉球祖語の語彙は日本語に似ていることはわかったが、子音や母音体系、さらには音節の構造についても両言語は特徴を共有する。例えば、破裂音や摩擦音などの音声には有声・無声の違いがある。破裂音とは p、b、t、d、k、g などの音声で、摩擦音には s や z などがある。有声音と無声音の違いは、発音する際に喉に手を触れて、震えを感じる方が有声音だと説明したのを思い出そう。b、d、g、z が有声音で、p、t、k、s が無声音だ。y、w、m、n、そして「ん」を表す鼻音も共通すると考えられている。

　琉球祖語の母音は基本的に現代日本語の 5 母音に類似する体系だと考える研究者や、それ以上の数の母音を再建する必要があるとする研究者もいる。基本的体系は日本語とは大きく変わらないということである。

　音節についても日本語と類似し、子音で終わる音節は制限されている。例えば、「ん」で終わる語はあるが上に挙げた破裂音や摩擦音で終わる語は基本的にない。また、日本語と同様に、子音の連続を「嫌う」言語であるようだ。音節の頭や音節末において、例えば、p と t が連続する pta または apt などは存在しないということだ。

　語彙については、日本語や日本語古語と同源の語彙が大半だが、

日本語に存在しない語彙も少なくはない。これはこれまでみてきた語彙や表現などからもわかると思う。

## ▍琉球祖語をさかのぼれるか

　現代の奄美語、国頭語、沖縄語、宮古語、八重山語、与那国語を比較し、それぞれの言語の祖語にさかのぼり、そして最後に琉球祖語までさかのぼってきた。これをさらにさかのぼることができるか。

　さらにさかのぼるには同系統の言語と比べる必要がある。琉球語と同系統の言語には日本語がある。日本語と比較することにより、さらに「過去」へさかのぼることができる。この場合、再建するのは日本琉球祖語となる。これは日本語と琉球語が分岐する以前の共通言語のことだ。また、琉球祖語にみられるバリエーションを基に、内的再建法を使って琉球祖語のさらに古いかたちを探ることも可能である。

　では、日本語以外に琉球語と同系統である言語はあるのだろうか。これまでの研究によると、琉球語と直接的な同系統関係にある言語は日本語だけである。アイヌ語も地理的には日本語と隣り合うが、日本語とも琉球語とも系統が異なるというのが研究者の見解である。与那国島の南西の方向へ約110キロの位置には台湾がある。台湾にはパイワン語やアミ語などオーストロネシア語族に属する数多くの言語が話されている。その言語との比較研究も行われており、同系統の可能性があると説く研究者もいるが、今のところ系統関係を証明するような音声の規則的対応関係はみ

られない。今後の研究により、新しい発見があるかもしれない。

# おわりに

　琉球語の魅力は？　と問われてまず挙げられるのは「しま」ごとに異なることばの多様性だろう。琉球祖語は日本語にかなり類似しているが、現在の琉球諸語はかなり異なる。これらの言語を聞いても理解できないため、日本語と同じ系統の言語であるとは思えないほどだ。さらには、琉球諸語話者の間でもお互いに自分のことばで意思の疎通ができるとは限らない点も「魅力」だ。

　また、本書を読み終えたことで、古いかたちから現在のかたちに至った変化の過程も興味をもってもらえたかもしれない。この多様性を産んだ様々な変化や、その変化の起こった過程は「謎解き」のような面白さがある。多様性がどのようにして生じたのかがわかると、沖縄の地域のことばを見たり聞いたりしたときに、そのことばの意味の理解につながる。

　いまの沖縄の人たちは自分たちのことばをどう見ているのだろうか。琉球諸語は継承が危ぶまれる危機言語であるという認識のもと、次の世代へことばを残そうと近年では「しま」（集落／地域）ごとにことばの普及活動が盛んに行われている。新聞、テレビやラジオ、またはインターネットでもしまくとぅばを見たり聞いたりする機会も増えているためだろうか、しまくとぅばに対して好感度、親近感があるという人も多い。大学生が沖縄のことばをどのようにみているのか紹介しよう。琉球大学に「うちなーぐちあしび」という授業がある。基

本的なうちなーぐちが話せるようになることが授業の目的だ。毎年定員の5〜6倍の学生がこの講義の登録にやってくるが、残念ながらすべての学生の登録はかなわない。登録を希望する学生の中には地元の学生だけではなく、県外出身の学生や留学生もいる。「うちなーぐち」を学びたい理由を聞いてみると、「祖父母のことばを理解したい」や「地元のことばなので話せるようになりたい」などが最も多く、「将来福祉関係の仕事をするので、話せるようになりたい」という学生や、医学部の学生の中には研修でお年寄りと接する際にことばがまったく理解できなかったので話せるようになりたい、という声もある。将来子供たちを教育していく教育学部の学生は「将来学校で子供たちに沖縄のことばを教えたい」という。最近では「話せるとかっこいいから」という声も聞こえてくる。テレビ番組などで沖縄の芸能人が沖縄のことばで話しているのをよく耳にするからだろうか。

　沖縄のことばを比較言語学という観点から紹介する機会を与えていただき、白水社の西川恭兵氏に感謝している。構想の段階から校正、そして完成に至るまで、丁寧に原稿を読んでいただき、多くの助言をいただいた。そのおかげで無事書き終えることができた。お礼を申し上げたい。

　最後に、私のうじらーさるわらびんちゃー盛飛、ことみ、盛哉、盛生にこの本を捧げる。

2021年3月　島袋盛世

# 主な参考資料

池間苗『与那国語辞典』池間苗、2003 年

伊波普猷『古琉球』岩波書店、2000 年

内間直仁、新垣公弥子『沖縄北部・南部方言の記述的研究』風間書房、2000 年

内間直仁、野原三義『沖縄語辞典　那覇方言を中心に』研究社、2006 年

大野晋、佐竹昭広、前田金五郎編『岩波古語辞典　補訂版』岩波書店、1990 年

沖縄古語大辞典編集委員会編『沖縄古語大辞典』角川書店、1995 年

長田須磨、須山名保子編『奄美方言分類辞典　上巻』佐久間書院、1977 年

長田須磨、須山名保子、藤井美佐子編『奄美方言分類辞典　下巻』佐久間書院、
　　1980 年

生塩睦子著、沖縄学研究所編『沖縄伊江島方言辞典』伊江村教育委員会、2009 年

菊千代、高橋俊三『与論方言辞典』武蔵野書院、2005 年

国立国語研究所編『沖縄語辞典』（9 刷）大蔵省印刷局、2001 年

上代語辞典編修委員会編『時代別国語大辞典　上代編』三省堂、1967 年

下地賀代子『つかえるたらまふつ辞典―多良間方言基礎語彙』多良間村教育委員
　　会、2017 年

富浜定吉『宮古伊良部方言辞典』沖縄タイムス社、2013 年

仲宗根政善『沖縄今帰仁方言辞典』角川書店、1983 年

中本正智『琉球方言音韻の研究』法政大学出版局、1976 年

中本正智『琉球語彙史の研究』三一書房、1983 年

服部四郎編『アイヌ語方言辞典』岩波書店、1964 年

服部四郎『日本語の系統』岩波書店、1999 年

平山輝男『琉球宮古諸島方言基礎語彙の総合的研究』桜楓社、1983 年

平山輝男『奄美方言基礎語彙の研究』角川書店、1986 年

平山輝男、大島一郎、中本正智『琉球方言の総合的研究』明治書院、1966 年

平山輝男、大島一郎、中本正智『琉球先島方言の総合的研究』明治書院、1967 年

法政大学沖縄文化研究所編『琉球の方言　宮古大神島』東和社、1977 年

前新透、波照間永吉、高嶺方祐編『竹富方言辞典』南山舎、2011 年

前大用安『西表方言集』前大用安、2002 年

宮城信勇『石垣方言辞典』沖縄タイムス社、2003 年

琉球大学沖縄文化研究所『宮古諸島学術調査研究報告（言語・文学編）』琉球大学
沖縄文化研究所、1968 年

Bentley, John R. *A Linguistic History of the Forgotten Islands : A Reconstruction of Proto-Language of the Southern Ryukyus*. UK : Global Oriental, 2008

Ramos, Teresita V. *Tagalog Dictionary*. Honolulu : University of Hawai 'i Press, 1971

Shimabukuro, Moriyo. *The Accentual History of the Japanese and Ryukyuan Languages : A Reconstruction*. UK : Global Oriental, 2007

Thorpe, Maner L. *Ryukyuan Language History*. University of Southern California Doctoral Dissertation, 1983

Vovin, Alexander. *A Reconstruction of Proto-Ain*u. Leiden : E.J. Brill, 1993

著者紹介
島袋盛世（しまぶくろ　もりよ）
琉球大学教授。ジョージア大学卒、同大学で修士号、ハワイ大学マノア校で博士号取得。専門は比較言語学、音韻論。主な著書に *The Accentual History of the Japanese and Ryukyuan Languages: A Reconstruction* (Global Oriental, 2007) など。

沖縄語をさかのぼる

2021 年 5 月 30 日　第 1 刷発行
2022 年 8 月 5 日　第 3 刷発行

著　者　　©島　袋　盛　世
発行者　　　及　川　直　志
印刷所　　株式会社精興社

発行所　〒101-0052 東京都千代田区神田小川町 3 の 24
　　　　電話 03-3291-7811（営業部）、7821（編集部）　株式会社白水社
　　　　www.hakusuisha.co.jp
　　　　乱丁・落丁本は送料小社負担にてお取り替えいたします。

振替　00190–5–33228　　Printed in Japan　　誠製本株式会社

ISBN978-4-560-08894-4

# 沖縄語の入門（CD付改訂版）

## たのしいウチナーグチ

### 西岡 敏、仲原 穣 著

人気のあの本がいっそうわかりやすく、CD付きになった！ 言葉がわかれば、沖縄は底なしに面白い！ すべての沖縄好きに贈る、日常会話から民謡・古典までのウチナーグチ講座。